Redação publicitária:
percursos criativos e persuasão

Haroldo Capote Filho

O selo DIALÓGICA da Editora InterSaberes faz referência às publicações que privilegiam uma linguagem na qual o autor dialoga com o leitor por meio de recursos textuais e visuais, o que torna o conteúdo muito mais dinâmico. São livros que criam um ambiente de interação com o leitor – seu universo cultural, social e de elaboração de conhecimentos –, possibilitando um real processo de interlocução para que a comunicação se efetive.

Rua Clara Vendramin, 58 | Mossunguê
CEP 81200-170 | Curitiba | PR | Brasil
Fone: (41) 2106-4170
www.intersaberes.com
editora@editoraintersaberes.com.br

Conselho editorial | Dr. Ivo José Both (presidente) | Dr.ª Elena Godoy | Dr. Neri dos Santos | Dr. Ulf Gregor Baranow
Editora-chefe | Lindsay Azambuja
Gerente editorial | Ariadne Nunes Wenger
Preparação de originais | Ana Maria Ziccardi
Edição de texto | Arte e Texto Edição e Revisão de Textos | Letra & Língua Ltda – ME | Tiago Krelling Marinaska
Capa | Charles L. da Silva (*design*) | chainarong06/Shutterstock (imagens)
Projeto gráfico | Sílvio Gabriel Spannenberg (*design*) | chainarong06/Shutterstock (imagens)
Equipe de *design* | Iná Trigo | Charles L. da Silva
Iconografia | Sandra Lopis da Silveira | Regina Claudia Cruz Prestes

---

Dados Internacionais de Catalogação na Publicação (CIP)
(Câmara Brasileira do Livro, SP, Brasil)

Capote Filho, Haroldo
　　Redação publicitária: percursos criativos e persuasão/Haroldo Capote Filho. Curitiba: InterSaberes, 2020. (Série Mundo da Publicidade e Propaganda)

　　Bibliografia.
　　ISBN 978-65-5517-597-4

　　1. Anúncios – Redação 2. Comunicação 3. Criação (Literária, artística etc.) 4. Publicidade 5. Publicidade – Linguagem I. Título.

20-35950　　　　　　　　　　　　　　　　　　　　　　　　　　　　　　　　CDD-659.132

Índice para catálogo sistemático:
1. Redação publicitária: Publicidade　659.132
Cibele Maria Dias – Bibliotecária – CRB-8/942781

1ª edição, 2020.
Foi feito o depósito legal.
Informamos que é de inteira responsabilidade do autor a emissão de conceitos.
Nenhuma parte desta publicação poderá ser reproduzida por qualquer meio ou forma sem a prévia autorização da Editora InterSaberes.
A violação dos direitos autorais é crime estabelecido na Lei n. 9.610/1998 e punido pelo art. 184 do Código Penal.

Sumário

- 5   Apresentação
- 9   Como aproveitar ao máximo este livro
- 14   Introdução

17 1 A comunicação e a linguagem publicitária
- 20   1.1 Comunicação: estabelecendo relações
- 26   1.2 A comunicação na publicidade
- 37   1.3 As características da linguagem publicitária
- 41   1.4 A evolução da propaganda

59 2 O texto publicitário
- 63   2.1 As características do texto publicitário
- 79   2.2 A argumentação publicitária
- 92   2.3 A fluência do texto publicitário

105 3 A estrutura do anúncio
- 108   3.1 A presença verbal na mensagem publicitária impressa
- 120   3.2 A adequação da linguagem publicitária aos meios de comunicação impressos
- 133   3.3 O processo de ancoragem
- 136   3.4 A histórica análise de Barthes

143 4 O processo de criação na publicidade
- 148   4.1 A formação do conceito
- 149   4.2 A estratégia criativa

156 4.3 O texto publicitário tem um comandante
158 4.4 Formatos de abordagem para a criação publicitária

181 **5 As necessidades e os desejos na criação publicitária**
183 5.1 Os apelos básicos da criação publicitária
199 5.2 As etapas do processo publicitário
206 5.3 Os gêneros de texto no discurso publicitário

221 **6 Campanha publicitária e desenvolvimento criativo**
226 6.1 Os tipos de campanha
233 6.2 A definição do problema
242 6.3 A importância do repertório
249 6.4 O desenvolvimento criativo:
informação + sensibilidade + técnica
253 6.5 Grupos criativos *versus* indivíduos criativos

262 Para concluir...
264 Glossário
268 Referências
273 Apêndice
283 Respostas
288 Sobre o autor

Apresentação

A capacidade de buscar novas soluções, de mudar, de inventar está entre as mais belas qualidades humanas e, certamente, não nos encontraríamos nessa formidável condição de desenvolvimento não fossem mulheres e homens, sociedades inteiras, que tivessem ousado pensar diferente, descobrindo novas teorias, novas formas de olhar, de agir, de transformar a realidade. Então, se você faz parte desse grupo fascinado pelas ideias e se, entre suas aspirações, está a de desenvolver suas capacidades criativas, unindo-as à técnica publicitária, esta obra foi feita, também, para você.

Assim, convidamos você a participar, a partir de agora, do fascinante mundo da criação publicitária. Vamos iniciar uma viagem pelo mundo da publicidade, parte importante do mundo da criação contemporânea, pois em uma mensagem publicitária existe a arte, a técnica, a linguagem e a vastidão de pensamentos e expressões que formam a civilização humana.

Esse nosso passeio inclui um olhar sobre o passado, no qual encontraremos as raízes do discurso persuasivo, sem o que a mensagem publicitária não existiria como a conhecemos: argumentativa, sedutora, vendedora. Vamos nos concentrar, principalmente, na palavra – o que não significa que deixaremos de tratar das imagens, por exemplo –, na redação publicitária, que cria uma linguagem com estilo próprio, uma forma de provocar o leitor e convidá-lo à ação, isto é, à aquisição de um produto, de um serviço ou à adesão a uma ideia, um comportamento. Estamos adentrando o reino da criação publicitária.

Para isso, o texto foi dividido em seis capítulos. No primeiro capítulo, conceituamos comunicação e comunicação publicitária, trazendo também as diferenças entre esses conceitos. Tratamos também dos tipos de comunicação e suas diferenças, além de apresentar as funções da linguagem e o uso adequado destas no processo comunicacional, a relevância das origens comunicacionais que sustentam o discurso publicitário e a importância da linguagem publicitária no cotidiano da sociedade.

No segundo capítulo, analisamos o texto publicitário e suas características. Apresentamos as dinâmicas do texto publicitário e os argumentos adequados no planejamento da mensagem publicitária. Além disso, abordamos a redação persuasiva, com o intuito de destacar a importância da argumentação em textos publicitários.

O anúncio, sua estrutura e suas características são o assunto do terceiro capítulo. Nele, tratamos da peça publicitária e das qualidades distintivas do texto, bem como da adequação deste aos veículos impressos. Evidenciamos, ainda, as características de título, corpo de texto e *slogan* e suas diferenças, além do processo de ancoragem.

Já no quarto capítulo, examinamos a formação do processo de criação na publicidade e a importância da formação do conceito publicitário. Também exploramos assuntos como a estratégia criativa e a relevância do tema publicitário e da chamada *promessa básica* em publicidade. Em seguida, analisamos os formatos de abordagem para a criação publicitária e a necessidade de definir o tom da mensagem.

Tratamos das noções de necessidades e desejos na criação publicitária no quinto capítulo, apresentando, para isso, os apelos básicos da criação publicitária, as etapas do processo publicitário e os gêneros de texto no discurso publicitário, como a descrição, a narração e a dissertação.

Por fim, no sexto capítulo, discorremos sobre as características da campanha publicitária e o desenvolvimento criativo. Nesse contexto, identificamos os tipos de campanhas publicitárias e abordamos o processo para se chegar ao produto criativo: a campanha. Também destacamos a importância do repertório e da sensibilidade, além de refletir sobre as técnicas que potencializam a capacidade de criar.

Ao longo da obra, vamos analisar os textos publicitários e entender a estrutura que forma um anúncio, porque, sim, nosso interesse específico, nesta obra, são os meios impressos: o jornal, a revista, os meios exteriores, o fôlder, mas esse conhecimento também pode ser adaptado ao audiovisual, ao digital, ao mundo da comunicação publicitária. Nesse sentido, cabe evidenciar a argumentação, que busca convencer os públicos; a fluência, que facilita a leitura; e os percursos mentais, que agem sobre o comportamento do consumidor.

No caminho, você descobrirá que o discurso publicitário é, em seu interior, essencialmente, um discurso ideológico, que implica questões para muito além da compra e da venda de produtos. Essas reflexões serão muito úteis para que você compreenda as dimensões e a abrangência de uma (simples?) mensagem publicitária.

Você também concluirá que criatividade é mais do que inspiração, é "transpiração", como notou Thomas Edison, o mais famoso dos inventores. Ela é técnica, é observação da realidade, é troca de informações, é sensibilidade para sintetizar e transformar tudo isso em uma bela e eficiente ideia publicitária. Para aplicar, desde já, esse aprendizado, você será convidado a criar textos e peças publicitárias, explorando a criatividade e a técnica e, ao final, desenvolverá uma campanha publicitária em diferentes mídias, buscando a melhor solução para o problema apresentado.

Boa leitura, bom envolvimento! Vamos conversar bastante e esperamos que, ao final desta obra, você possa sentir-se um redator publicitário ou uma redatora publicitária, pronto(a) para os desafios que exigem respostas criativas e inovadoras.

Bem-vindo!

Como aproveitar ao máximo este livro

Este livro traz alguns recursos que visam enriquecer o seu aprendizado, facilitar a compreensão dos conteúdos e tornar a leitura mais dinâmica. São ferramentas projetadas de acordo com a natureza dos temas que vamos examinar. Veja a seguir como esses recursos se encontram distribuídos no decorrer desta obra.

Conteúdos do capítulo

- Comunicação
- O quadro da c
- Característica
- Aspectos da l

Conteúdos do capítulo Logo na abertura do capítulo, você fica conhecendo os conteúdos que nele serão abordados.

Após o estudo deste capítulo, você será capaz de:

1. conceituar
   publicitária;
2. diferenciar
3. relacionar a
4. compreend
   comunicaci
   discurso pu
5. entender a
   publicitária
6. identificar o uso a
   funções da linguag

Após o estudo deste capítulo, você será capaz de: Você também é informado a respeito das competências que irá desenvolver e dos conhecimentos que irá adquirir com o estudo do capítulo.

Perguntas & respostas Nesta seção, o autor responde a dúvidas frequentes relacionadas aos conteúdos do capítulo.

Para saber mais Você pode consultar as obras indicadas nesta seção para aprofundar sua aprendizagem.

Fique atento! Ao longo de nossa explanação, destacamos informações essenciais para a compreensão dos temas tratados nos capítulos.

Curiosidade

Você já percebeu que a me[nsagem de]
alguma companhia para a [...]
vida ao anúncio, a música [...]
no rádio e na televisão, a to[...]
vai do dramático ao cômico, a din[âmica]
em movimento e, até mesmo, o a[...]
impregnando uma página de revis[ta...]

Uma terceira distinção, ainda na v[...]

Curiosidade Nestes boxes, apresentamos informações complementares e interessantes relacionadas aos assuntos expostos no capítulo.

---

mensagem. A mensagem publicit[ária]
[exp]lorar essas possibilidades.

[Em]**issor** e **receptor** são os interlo[cutores]
[envo]lvidas na conversa. Para nós,
[comp]etente, é o anunciante e o rec[eptor]
[...]r.

Importante

Uma observação: o anunciante n[ão cria]
a mensagem, tarefa dos criadore[s ...]
quem transmite as informações g[...]

Importante! Algumas das informações centrais para a compreensão da obra aparecem nesta seção. Aproveite para refletir sobre os conteúdos apresentados.

---

própria que busca torná-la mais e[...]

Exemplo 1.1

Como exemplo, veja o anún[cio em]
<http://edasuaepoca.blogs[...]/
seda.html>.

Esse anúncio, do shampoo [...] apresenta
dois leões: o primeiro com [a juba armada,]
com a juba "alisada". Na pri[meira imagem, lê-se:]
armado e com frizz?". O título da s[egunda imagem: "sem]
frizz e com volume controlado". O a[núncio...]

Exemplo prático Nesta seção, articulamos os tópicos em pauta a acontecimentos históricos, casos reais e situações do cotidiano a fim de que você perceba como os conhecimentos adquiridos são aplicados na prática e como podem auxiliar na compreensão da realidade.

produtos textuais que propomos.

Estudo de caso

A comunicação da Skol não e errou, reagindo diante do aprendizado.

Isso pode ocorrer porque, por vez corretamente os riscos e a reperc

O problema: A campanha de carna (2015), foi criticada por suas mens casa" e "Topo antes de saber a pe

Estudo de caso Esta seção traz ao seu conhecimento situações que vão aproximar os conteúdos estudados de sua prática profissional.

Síntese Você dispõe, ao final do capítulo, de uma síntese que traz os principais conceitos nele abordados.

existentes e disponíveis, e além d ciantes o aumento de seus negóc mais consumidores.

m, mais que conceitos com vi *paganda* são, no mais das veze e se fundem em um mesmo enten

Síntese

Neste capítulo, apresentamos as citária, destacando que a comuni de grande importância, fundamer Também evidenciamos que há qu

Questões para revisão

1) (ENADE, Publicidade e Pr

A publicidade transmite inf co-alvo com a intenção de induzi-lo a um comportame Portanto, os objetivos publi âmbito da comunicação e não dev os objetivos comerciais ou de mark se pode atribuir objetivos em term vendas, participação de mercado

Questões para revisão Com essas atividades, você tem a possibilidade de rever os principais conceitos analisados. Ao final do livro, o autor disponibiliza as respostas às questões, a fim de que você possa verificar como está sua aprendizagem.

econômicos com as palavras.

Mãos à obra

Já que um dos assuntos de[...] uma pizzaria, vamos explor[...] As pizzarias brasileiras tend[...] modelo italiano, contudo, suas re[...] de invenções, como a pizza de ca[...] Então, que tal assumir a "brasilida[...]

1) Crie um nome para sua pizzaria[...] italiano "Mamma Itália", "La Fa[...]

> **Mãos à obra** Nesta seção, o autor convida você a realizar atividades práticas relacionadas ao conteúdo do capítulo, desafiando-o a transpor os limites da teoria.

Introdução

O mundo da propaganda é apaixonante porque é amplo e se interessa tanto pela realidade quanto pela ficção. Neste livro, tratamos das belezas e dos desafios da linguagem publicitária.

Criar verbalmente significa "brincar" com as palavras. A redação publicitária precisa oferecer respostas originais aos problemas de comunicação, então, podemos começar afirmando que este livro vai tentar estimular sua imaginação e, dessa forma, convidá-lo a experimentar linguagens. Para tanto, apresentamos as linhas criativas e os apelos básicos da criação publicitária, pois sempre pode haver um segundo caminho, uma trilha nova a se abrir, bastando energia, perseverança para não desistir e o brilho nos olhos que define todos que querem aventurar-se pelo campo das ideias.

Também precisamos, claro, das informações certas e do conhecimento para melhor aproveitá-las, traduzindo as ideias em um texto sintético, original e vendedor. Por essa razão, analisamos os elementos da redação publicitária e suas adequações aos meios de comunicação.

A criatividade, para florescer, necessita de um bom ambiente. Então, nossa conversa será sempre muito franca e direta, democrática, deixando espaços para sua liberdade de criação, mas em um voo orientado pela informação e pela técnica, para que você possa aterrissar com uma eficiente e criativa solução.

A criatividade precisa da técnica, que precisa da sensibilidade, que, por sua vez, precisa de argumentos para conversar, seduzir, convidar a agir. Sim, a redação publicitária precisa convencer, mas sempre com um bom diálogo, respeitando a cultura e a autonomia de cada indivíduo e dos grupos (a argumentação como técnica persuasiva é fundamental).

Uma observação importante: utilizamos tanto a expressão *publicidade* quanto o termo *propaganda*. Em linhas gerais, a publicidade tem uma face mais comercial e vendedora, e a propaganda expressa mais as ideias que formam o pano de fundo da mensagem (a ideia de consumo, por exemplo). Vale aqui ressaltar que, no mais das vezes, adotamos as duas expressões em seu sentido amplo, ou seja, referenciando, ao mesmo tempo, os aspectos comerciais e os ideológicos.

Esperamos que seja um caminho leve e prazeroso (no sentido das experiências com as ideias), mas, ao mesmo tempo, recheado de saberes e aprendizados que possam ajudá-lo em sua vida prática. É o que este livro pretende!

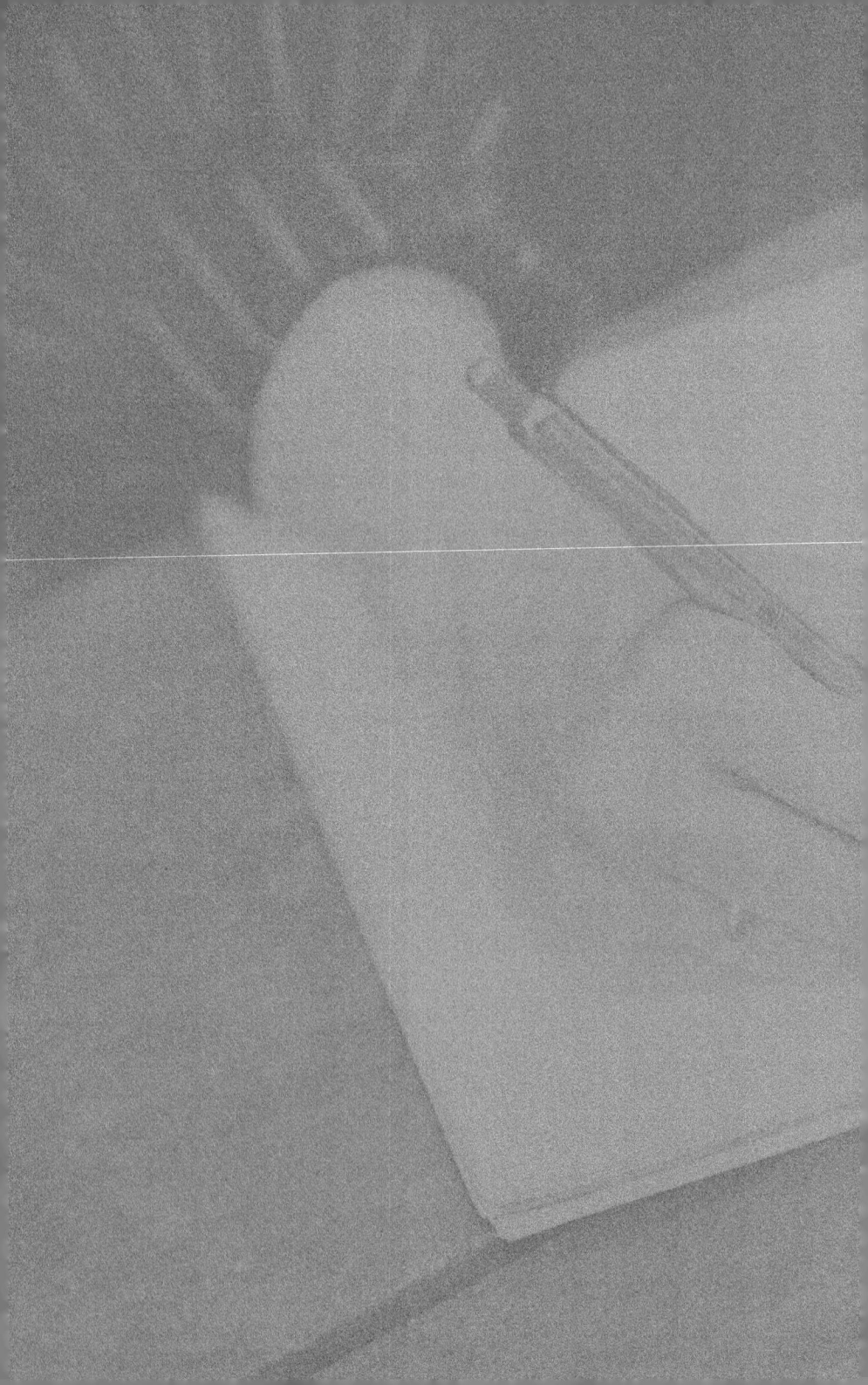

1
A comunicação e a linguagem publicitária

Conteúdos do capítulo

- Comunicação e publicidade.
- O quadro da comunicação.
- Características gerais da publicidade.
- Aspectos da linguagem publicitária

Após o estudo deste capítulo, você será capaz de:

1. conceituar *comunicação* e *comunicação publicitária*;
2. diferenciar os tipos de comunicação;
3. relacionar as funções da linguagem;
4. compreender a relevância das origens comunicacionais que sustentam o discurso publicitário;
5. entender a importância da linguagem publicitária no dia a dia da sociedade;
6. identificar o uso adequado das funções da linguagem no processo comunicacional.

Imagine que uma pizzaria foi inaugurada em seu bairro e, nos primeiros dias, a casa esteve lotada. As perspectivas são ótimas e os sócios estão felizes com o sucesso e com a escolha da agência de publicidade responsável pelo lançamento. Sim, a agência foi muito competente nos cartazes de divulgação, nas escolhas dos pontos dos *outdoors*, em ruas movimentadas e com boa visualização, no anúncio veiculado no jornal da cidade e nas postagens que geraram *likes* nas redes sociais. Os textos publicitários eram informativos, claros, persuasivos e com uma linguagem original, que parecia apresentar uma receita, mas apontava, na verdade, os **diferenciais** da nova pizzaria em comparação às suas concorrentes. O logotipo também ficou legal, bem como a comunicação visual da fachada, o cardápio, ou seja, comunicação na medida para o tipo de serviço e de negócio!

A publicidade, sem dúvida, é fundamental para o mundo dos negócios, além de sua beleza e complexidade – que serão bastante discutidas neste livro. No entanto, o que queremos ressaltar para você, neste primeiro momento, é que a publicidade é uma atividade que faz parte de algo maior, anterior à sua própria formação e ao seu desenvolvimento, que se apresenta como uma sensação, uma troca, um ato que está presente em seu interior e é sua essência.

Trata-se da **comunicação**, que conecta indivíduos e grupos desde tempos imemoriais e que tem sido, ao longo da história humana, absolutamente necessária para a exposição de ideias, diálogos, negociações e acordos – é claro, também para expressar desacordo, mas pensemos sempre que a busca pelo diálogo significa a redução das tensões e da violência e sua substituição por outras formas bem mais civilizadas de convivência. A civilização humana, podemos afirmar, é devedora da palavra (Martins, 2005) e seria impossível reconhecê-la sem a presença da comunicação.

Mesmo com todos os avanços, a palavra não deixou de ocupar espaços tanto na vida pública quanto na vida privada. Em nosso tempo, as tecnologias oferecem condições para um processo de intercomunicação contínua, que encurta distâncias e reduz o mundo a uma aldeia de falantes e ouvintes.

Diante disso, o que nos interessa é o seguinte: com um olhar na história e outro na atualidade, você precisa compreender a posição da publicidade no processo comunicacional e quais as qualidades que sua mensagem deve apresentar para estabelecer relações com os outros, os consumidores.

1.1 Comunicação: estabelecendo relações

Para McQuail (2013, p. 520), o termo *comunicação* "tem muitos significados e definições diferentes, mas a ideia central é de um processo de unidade ou compartilhamento cada vez maior entre os participantes, com base no envio e recebimento de 'mensagens'".

Retomando nossa pequena história, é preciso saber que os donos da pizzaria eram muito populares no bairro, conheciam todo mundo, construíram relações sólidas na comunidade e, por essa razão, convenceram muita gente da região em torno do projeto para que trabalhassem e crescessem juntos. Também receberam boas indicações de fornecedores, que ofereciam produtos de qualidade a um bom preço. Tudo com muita conversa e aquela franqueza que gera confiança.

Além disso, os garçons foram treinados para envolver, informar e agradar os clientes. Falavam com autoridade sobre os ingredientes, o tipo de massa, e contavam até algumas curiosidades sobre a história da pizza, como o fato de que a primeira pizza inventada foi a *marguerita*, em homenagem a uma rainha de mesmo nome. Os sócios também estavam sempre por perto com um sorriso no rosto e algum assunto para iniciar o bate-papo. Tudo para deixar o ambiente ainda mais agradável, aliás, um ambiente com uma decoração muito aconchegante! Nem vamos falar das instalações e dos equipamentos, da limpeza – todos elementos obrigatórios para quem quer um negócio de sucesso. A pizza, é claro, era uma delícia: receita italiana, mas com um toque brasileiro.

Figura 1.1 Comunicação é união e compartilhamento

O funcionamento das relações sociais baseia-se, fundamentalmente, em uma comunicação eficiente, que busca sempre estabelecer relação com alguém, fato que confirma e justifica nossa "necessidade" por comunicação. Sim, todos nós queremos nos comunicar, bem como percebemos que tudo que está à nossa volta comunica algo! A publicidade é, portanto, uma forma de comunicação, uma maneira de "conversar" com as pessoas.

Ao comunicar-se, o ser humano transmite ideias e, intencionalmente ou não, pode produzir propaganda de valores e crenças com o objetivo de convencer seu interlocutor. Assim, mesmo em uma conversa informal, podemos argumentar, seduzir com palavras, convencer.

Em um diálogo, você pode escolher o que vai revelar ou ocultar. É um jogo de palavras, gestos e tons de voz muito mais elaborado do que parece, portanto, podemos aprender muito sobre persuasão observando as estratégias de cada pessoa em uma conversação ou, ainda, aquilo que nos dizem os meios de comunicação na forma de notícias, novelas, programas de auditório etc. Preste atenção e perceba que não é apenas a propaganda que quer convencer pessoas, uma vez que existe intencionalidade em toda forma de comunicação.

A comunicação é um processo dinâmico, aberto a todo tipo de influências, que vai muito além de uma troca de informações, pois provoca nosso pensamento, ajuda-nos a formar opinião e debater ideias. Esse diálogo que estabelecemos com o outro (ou com muitos outros!) precisa, então, de uma linguagem que promova a **interação**.

Dessa forma, podemos dizer que a comunicação se realiza na interação entre pessoas, nos diálogos provocados pelo convívio social, no compartilhamento de valores que formam uma identidade cultural, de tal modo que não há mensagem ou mesmo pensamento sem linguagem. Podemos, então, informalmente, entender a comunicação como a transmissão de mensagens com o menor ruído possível, ou seja, os interlocutores (aqueles que conversam) devem compreender a mensagem com a maior clareza possível.

Mas o que é a **linguagem**?

É uma forma de expressão do pensamento humano.
A linguagem é constituída pela língua e pela fala.

Para Bakhtin (1997), filósofo russo que revolucionou a teoria linguística no século XX, *linguagem* é uma criação coletiva que acontece no diálogo entre as partes. A interação entre as pessoas é, portanto, o princípio fundamental da linguagem.

Vamos explicar um pouco mais: a **língua** (no nosso caso, a língua portuguesa) é uma estrutura com regras próprias de funcionamento e que, por esse motivo, pode ser ensinada e aprendida. Com ela, produzimos textos orais e escritos, divulgamos ideias.

A **fala** é o ato de uso da língua, que varia conforme o contexto social – por exemplo, pessoas com maior ou menor grau de instrução formal – e o momento histórico – por exemplo, jovens contemporâneos adaptaram-se à linguagem da cultura digital.

Podemos perceber também variações conforme os sotaques de cada região ou, ainda, no uso dos jargões específicos de cada profissão – publicitários, por exemplo, incorporam muitas expressões de língua inglesa que melhor definem modelos e tarefas típicas da profissão: *layout, target, briefing* etc. (ao final deste livro, apresentamos um pequeno glossário com algumas das expressões mais utilizadas na criação publicitária).

Não podemos, no entanto, ignorar que, para além dos mecanismos da língua e da fala existe um sujeito consciente que age sobre o mundo e é, ao mesmo tempo, afetado pelo contexto histórico: "Bakhtin diz que até mesmo essa subjetividade é construída em um processo social e histórico" (Marcondes Filho, 2009, p. 228), ou seja, essa subjetividade dos **interlocutores** nunca escapa ao ambiente em que vivem e ao tempo histórico.

A publicidade, então, buscará utilizar, para alcançar mais eficiência, termos e expressões, valores e até gírias que sejam compreensíveis àquele grupo de pessoas, ou melhor, àquele grupo de (potenciais) consumidores que mais facilmente vão aderir à mensagem e desejar o produto ou o serviço ofertado, pois reconhecem aquela linguagem como sua e aquele mundo – de signos verbais e não verbais – proposto pela mensagem publicitária como uma referência a ser seguida.

Para saber mais

Os signos são a unidade de base de todo sistema significante, e suas infinitas combinações permitem a construção da mensagem. As linguagens são, portanto, sistemas de signos. Caso você tenha se interessado pelo estudo da significação, deve procurar por dois autores fundamentais dos estudos dos signos: Ferdinand de Saussure e Charles S. Peirce.

SANTAELLA, L. **A teoria geral dos signos**: semiose e autogeração. São Paulo: Ática, 1995.

SAUSSURE, F. **Curso de linguística geral**. Tradução de Antônio Chelini, José Paulo Paes, Izidoro Blikstein. 33. ed. São Paulo: Cultrix, 2012.

Dessa forma, podemos afirmar que a publicidade desenvolveu, conforme seus objetivos de venda, uma linguagem própria que busca torná-la mais eficiente e persuasiva.

Exemplo 1.1

Como exemplo, veja o anúncio que consta no seguinte *link*: <http://edasuaepoca.blogspot.com/2012/01/2006-shampoo-seda.html>.

Esse anúncio, do shampoo Seda, apresenta a imagem de dois leões: o primeiro com sua juba tradicional e o segundo, com a juba "alisada". Na primeira imagem, o título é *"Cabelo armado e com frizz?"*. O título da segunda imagem é *"Sem frizz e com volume controlado"*. O anúncio não deixa dúvidas sobre algumas das características da linguagem publicitária: a comunhão entre palavras, imagens e cores (o fundo verde contrasta com o tom amarelado do leão), a associação de ideias (juba do leão/cabelos humanos), a utilização de modismos (o termo *frizz*), a fixação de um estereótipo de beleza (cabelos lisos, nesse caso), o destaque ao produto anunciado (embalagem do shampoo ao lado da segunda imagem), entre outras.

Perguntas & respostas

Pergunta: O que são estereótipos e por que são importantes na publicidade?

Resposta: *Estereótipos*, para Carrascoza (2007, p. 57), "são as fórmulas já consagradas", as supostas "verdades" que são aceitas pelo público e que impedem "o questionamento a respeito do que está sendo comunicado", colaborando com o processo persuasivo da publicidade.

A publicidade busca identificação com o leitor, tornando-se, assim, um espaço para os lugares-comuns, que serão reinventados criativamente. No entanto, é preciso ter cuidado para não reforçar estereótipos que caracterizem alguma forma de discriminação.

1.2 A comunicação na publicidade

Para que possamos analisar a comunicação e suas variações publicitárias, algumas observações apontadas por Vestergaard e Schroder (2000) são importantes.

Como primeira distinção, os autores observam que **a comunicação pode ser particular ou pública**. A comunicação é particular, ou *direta*, quando envolve pessoas que se conhecem, como em uma conversa entre amigos; já a comunicação é pública, isto é, *indireta*, quando quer ser ouvida por mais pessoas, como um palestrante diante de um auditório. Esta última é mais complexa, pois abrange públicos que podem ser anônimos e heterogêneos, no entanto, em muitos casos, inclusive na publicidade, o público será selecionado pela faixa de idade (*target*), pelo nível de escolaridade, pela área geográfica, pelo poder aquisitivo ou por outro traço sociocultural.

Como você sabe, a publicidade interessa-se mais pelos públicos numerosos expostos à sua mensagem, e, nesse sentido, ela é considerada comunicação pública. No entanto, ela retira elementos importantes da comunicação particular, como o tom de conversa descontraída, o sentido de proximidade que caracteriza aqueles que se conhecem. Essa "intimidade" ajuda no envolvimento, faz o leitor sentir-se cúmplice e mais propenso a aceitar o que lhe é dito.

Uma segunda distinção apontada pelos autores é de que **a comunicação pode ser verbal ou não verbal**: as palavras constituem o mais importante veículo de comunicação de que dispomos. Quando escrevemos ou falamos, temos mais chances de ser corretamente interpretados, o que não significa que devemos abrir mão dos signos não verbais: a imagem, o som, o gesto, o toque – elementos que potencializam o ato da fala e dão melhor sustentação àquilo que queremos transmitir.

Esse emprego simultâneo que caracteriza um discurso eficiente é também o preferido da publicidade, tanto em seus anúncios impressos (jornais, revistas, meios exteriores, fôlderes) quanto nas mensagens eletrônicas (*spots* e *jingles* para rádio, comerciais para televisão e cinema) ou, ainda, nos meios digitais.

Figura 1.2 Fôlder com dobras

Curiosidade

Você já percebeu que a mensagem publicitária busca sempre alguma companhia para a palavra? São as cores que dão mais vida ao anúncio, a música que acompanha o texto de vendas no rádio e na televisão, a tonalidade de voz do locutor, que vai do dramático ao cômico, a dinâmica de uma imagem em movimento e, até mesmo, o aroma de um perfume impregnando uma página de revista.

Uma terceira distinção, ainda na visão de Vestergaard e Schroder (2000), aponta para **o(s) sentido(s) da comunicação**. A comunicação em um único sentido – ou seja, aquela em que alguém fala ou escreve e o outro ouve ou lê – ocorre quando o interlocutor não pode responder, caracterizando a comunicação indireta (ou pública), ao passo que, na comunicação direta, os envolvidos trocam de posição, ora falam, ora escutam, como ocorre em uma boa conversa.

Os avanços das tecnologias de interatividade tornam a comunicação particular cada vez mais pública (as redes sociais são um exemplo) e, ao mesmo tempo, transformam a comunicação pública cada vez mais em uma via de dois sentidos, pois o público deseja e é incentivado a participar ativamente (como em um *reality show*).

A publicidade usa diversos expedientes para convidar o público consumidor a participar, induzindo-o, por exemplo, a acessar o *site* do anunciante: cria promoções com prêmios, envia correspondências eletrônicas oferecendo vantagens, telefona e envia mensagens aos dispositivos móveis, exibe seu endereço eletrônico para troca de mensagens etc. A lógica é simples e poderosa: quanto maior o envolvimento (e a satisfação), maior a fidelidade do consumidor para com aquela marca.

1.2.1
Elementos da comunicação

A comunicação envolve, obrigatoriamente, ao menos duas pessoas: um **emissor** e um **receptor**; e, para que o processo de comunicação se efetive, é necessário fixar um **significado** (na mensagem enviada), que se materializa na forma de um código.

Para emissor e receptor estabelecerem contato, a mensagem precisa utilizar um **canal**. Por fim, toda comunicação deve enquadrar-se em um **contexto** (referente). Esse contexto envolve os acontecimentos que cercam a conversação e, também, o âmbito cultural no qual os indivíduos estão imersos.

Figura 1.3 Situação de comunicação

Vamos pensar sobre isso na publicidade?

Em um texto aparecem marcas de todos esses elementos hierarquizados, oferecendo aos redatores a escolha pelo predomínio de uns sobre os outros, conforme os objetivos da mensagem. A mensagem publicitária precisa compreender e explorar essas possibilidades.

Emissor e **receptor** são os interlocutores, ou seja, as pessoas envolvidas na conversa. Para nós, publicitários, o emissor, ou *remetente*, é o anunciante e o receptor, ou *destinatário*, é o leitor.

Importante

Uma observação: o anunciante não é aquele que cria e redige a mensagem, tarefa dos criadores publicitários, mas é ele quem transmite as informações gerais que darão início ao processo criativo da publicidade. Assim, ele (o anunciante) é o autor de origem daquilo que é transmitido.

A mensagem precisa produzir um **significado**, portanto, a redação da mensagem é criada com palavras que fazem parte do repertório do público-alvo (grupo de consumidores que queremos atingir) e atenta às regras da língua portuguesa – ainda que a publicidade, em nome da eficiência, busque a informalidade do uso da língua para seus textos. O significado refere-se, então, ao produto oferecido pela publicidade, e o objetivo da mensagem será produzir um sentido que convença o leitor a consumir o produto ou serviço.

A mensagem utiliza palavras de um **código**, ou seja, uma linguagem compreendida e aceita pelos interlocutores (o código é uma convenção) que servirá tanto para a construção da mensagem (codificação) quanto para a compreensão da mensagem (decodificação).

A linguagem publicitária – sedutora, persuasiva, pública, mas com traços de conversa íntima, verbal, com forte apoio da imagem e de outros elementos não verbais – forma, assim, um sistema de signos compreendidos pelo público-alvo da propaganda. O código, podemos afirmar, é uma convenção aceita por uma comunidade (grupo de consumidores) como uma forma legítima de comunicação. Alguns códigos são mais compreensíveis às mulheres do que aos homens; outros, aos mais velhos do que aos mais novos; outros, ainda, àqueles que praticam *skate* ou curtem a natureza e assim por diante.

Figura 1.4 Anúncio segmentado

A mensagem desse anúncio destaca o tema da terceira idade e direciona seu foco (segmenta a mensagem) aos públicos mais sensíveis às questões relacionadas ao envelhecimento.

O **canal**, por sua vez, é a via de circulação da mensagem, seu suporte físico, que consiste nos meios audiovisuais ou, como interessa particularmente a esta obra, nas publicações impressas, representadas por revistas, jornais, *outdoors*, cartazes, folhetos etc. Você já deve ter percebido que as revistas, por exemplo, estão recheadas de anúncios publicitários que tentam fisgar a atenção do receptor da mensagem, envolvendo-os em um discurso de vendas. A revista é o canal que comunica.

Por fim, o **contexto**, também chamado de *referente*, é aquilo que a mensagem diz, ou seja, sobre o que se fala. Como o referente é o elemento motivador da comunicação, a mensagem publicitária vai apresentar ao leitor informações que lhe interessem, que façam parte de seu mundo, para as quais possa oferecer uma solução satisfatória.

Exemplo 1.2

Veja, por exemplo, a mensagem do anúncio acessível pelo *link*: <https://plugcitarios.com/blog/2015/02/27/toddynho-lanca-finalmente-versao-em-garrafa/>. O título *"Para quem cresceu com Toddynho"* ao lado da nova embalagem de 270 ml do produto é direcionado aos jovens adultos que continuaram apaixonados pelo achocolatado e mostra que o produto cresceu com eles. Doces lembranças e uma boa notícia que atualiza a relação público/produto contextualizam a mensagem.

1.2.2
Funções da linguagem e criação publicitária

Sempre há, em todo processo comunicacional, incluindo a comunicação publicitária, um emissor, um destinatário, uma mensagem que postula um significado, um código, um canal e um contexto. Procurando (às vezes atentamente), sempre encontramos marcas de todos esses elementos.

Utilizamos a linguagem para conversar, informar, contar piadas, exprimir emoções, debater um tema. Dessa forma, podemos dizer que a linguagem cumpre várias funções na comunicação, e o mais interessante é que essas funções estão diretamente relacionadas aos elementos da situação comunicacional (o emissor, o contexto etc.).

Roman Jakobson (2001), linguista que desenvolveu seus estudos ao longo do século XX, percebeu no ato comunicativo seis funções de linguagem: a emotiva, a conativa, a referencial, a poética, a fática e a metalinguística. Você vai observar que, dependendo da função da linguagem, a mensagem estará mais centrada: no emissor ou no receptor, na primeira ou na terceira pessoa, no código, no canal ou no contexto. São diferentes possibilidades, como veremos a seguir.

I) Função emotiva ou expressiva

A linguagem está **voltada para o emissor**, que fala de si mesmo na 1ª pessoa do discurso (eu/quem fala) e produz frases exclamativas que expressam desejos e atitudes. Tenta demonstrar uma autoridade naquilo que diz e, por isso mesmo, é bastante categórico e sem hesitações.

A publicidade utiliza essa função quando exibe, por exemplo, depoimentos de consumidores anônimos, de celebridades ou, ainda, de técnicos que confirmam a qualidade do produto (um consultor financeiro que aprova determinado investimento, por exemplo).

II) Função diretiva, apelativa ou conativa

A linguagem **focaliza o destinatário**, ou decodificador da mensagem. Ela se destina a pedir, instruir, ordenar. Nesse caso, observe que o ato comunicativo está centrado na 2ª pessoa do discurso (a quem se fala) e a mensagem é constituída por um grande número de frases interrogativas com o verbo no imperativo. O receptor quase nunca é explícito, mas toda a mensagem espera pela sua leitura e adesão.

A publicidade utiliza argumentos racionais e também emocionais para reduzir as resistências e buscar a adesão, seja pelo coração, seja pela mente do destinatário da mensagem (público-alvo).

A função conativa é fundamental para o texto publicitário, pois externa forte apelo ao receptor, o interlocutor que é alvo dos aconselhamentos da publicidade, conforme destaca Carrascoza (2007, p. 54): "O emissor dirige-se diretamente a ele [receptor], buscando conquistá-lo".

III) Função referencial

Quando essa função predomina na mensagem, a **ênfase está no contexto**, ou *referente*. A linguagem refere-se a fatos, muitas vezes, sustentados por dados técnicos ou científicos, e centra-se na 3ª pessoa. O emissor e o receptor são quase imperceptíveis, deixando espaço para uma evidência (da realidade que cerca os interlocutores) que se quer mostrar, ou melhor, demonstrar.

A publicidade, nesses casos, é (aparentemente) menos explícita na ação de persuadir e em seus efeitos estilísticos, pois o que vale é a exposição de dados científicos que evidenciam uma verdade inquestionável ao consumidor, o qual, na maior parte dos casos, não consegue rebater conceitos abstratos – exposições técnicas, por exemplo, que explicam a ação de um medicamento no organismo.

IV) Função poética ou estética

Essa função **focaliza o significado**, pois coloca a própria mensagem em primeiro plano, reflexivamente. Utiliza jogos verbais (escolhas das palavras e suas combinações) que tornam a mensagem mais estética e agradável ao receptor, contribuindo não apenas como um convite à ação, mas também para a memorização daquilo que é dito. O que é belo sempre nos atrai e se fixa em nossa mente com mais facilidade.

Importante

Quando falamos em uso "poético", **não** estamos limitando essa função aos poemas (rimas, por exemplo), mas abrangendo todo tipo de texto que compõe uma organização estética.

V) Função fática

Nessa função, o **canal está em primeiro plano**. A linguagem é utilizada para testar o canal e, depois, para manter e encerrar o contato entre emissor e receptor. É uma função interacional, mas de pouca referencialidade. Quando dizemos "alô" ao atender o telefone, estamos testando se o canal está aberto.

A publicidade, por vezes, testa a atenção do destinatário antes de emitir a mensagem que realmente importa, processo que pode repetir-se sempre que houver suspeita de alguma "fuga" do leitor.

VI) Função metalinguística

Essa função **volta-se para o código** mostrando-o em primeiro plano. Ela preocupa-se, constantemente, em explicar ou traduzir o significado de uma palavra ou de uma sequência de palavras.

Na publicidade, não é incomum observarmos uma cena em que uma modelo é fotografada e o equipamento fotográfico, a iluminação, enfim, o estúdio é claramente mostrado ao leitor. A propaganda mostra-se como propaganda e, com isso, consegue expandir a linguagem e estimular outras interpretações.

Exemplo 1.3

Observe, por exemplo, o anúncio do Banco Itaú indicado no *link*: <https://www.meioemensagem.com.br/home/comunicacao/2011/08/25/20110825itau-resgata-hist-ria-para-celebrar-valores.html>. Ele apresenta um adolescente segurando uma revista aberta na qual se vê outro anúncio do banco Itaú. Não será difícil ao leitor identificar que se trata do mesmo jovem, só que alguns anos mais novo.

O anúncio, verbalmente, apresenta título (*"Em 2006 eu fiz esse anúncio do 'Ouvir Você'"*), subtítulo (*"Não é de hoje que o Itaú muda para ser um banco cada vez mais feito pra gente"*), corpo de texto (massa de texto abaixo do subtítulo) e *slogan* (que aparece ao lado da logo do anunciante). Interessa-nos, nesta análise, a relação título/imagem e sua apresentação inicial: título + subtítulo.

Observe, nesse exemplo, que a mensagem apresenta um anúncio dentro de outro anúncio (a imagem cumpre um papel de resgate do passado), ou seja, explora a **função metalinguística**, e esta é sua função dominante. Contudo, podemos observar outras presenças que enriquecem o texto: o protagonista utiliza, no título, a 1ª pessoa ("eu fiz esse anúncio"), explorando a **função expressiva**. Indo além, no subtítulo a mensagem afirma: "Não é de hoje que o Itaú muda para ser um banco cada vez mais feito pra gente". A mensagem confirma sua atenção ao código (referindo-se ao texto apresentado anos atrás) e, desse modo, evidencia-se como recurso linguístico (**função estética**). Finalizando, a afirmação "feito pra gente" busca incluir o destinatário, estabelecendo uma conversa. Para Sandmann (1999, p. 27), a **função apelativa**, ou conativa, "pode estar presente mesmo sem as marcas tradicionais", quais sejam, principalmente os períodos interrogativos e o verbo no modo imperativo, esclarece o autor.

Dessa forma, a criação publicitária pode **combinar funções,** potencializando seus efeitos e sua eficiência.

1.3
As características da linguagem publicitária

Este primeiro capítulo parece não nos deixar mais dúvidas de que existe um "estilo publicitário", ou seja, características que são próprias e que não só o definem, mas o diferenciam de outros textos. "Na verdade, não há uma língua própria da publicidade, e sim determinadas habilidades e técnicas linguísticas em uso nos anúncios e nos textos da propaganda rotulados de 'linguagem publicitária'" (Martins, 1997, p. 33).

Esse estilo, para Sandmann (1999), não só diz respeito aos aspectos gerais, mas também àquilo que chama de *desvios*, comuns na linguagem publicitária, pois "desviar" de uma norma linguística pode ser uma maneira de simplificar/inovar a comunicação e alcançar mais facilmente o leitor da mensagem.

Um exemplo, para o autor, seria o uso de frases incompletas, uma síntese facilitadora à memorização do leitor, que ignora, intencionalmente, a tradicional forma da oração: sujeito, verbo e complemento. E a publicidade, como já sabemos, procura, principalmente, a simplificação daquilo que quer transmitir com o objetivo de se fazer compreender e atingir seus objetivos de convencimento.

O desvio da norma culta – que foge dos padrões gramaticais e imita a informalidade do dia a dia – é um exemplo das tentativas de aproximação do discurso publicitário com seus diferentes públicos.

Fique atento!

Cuidado! A transgressão deve justificar-se criativamente, pois, de outra forma, seria apenas uma agressão à língua, que poderia, inclusive, produzir rejeição por parte do público receptor da mensagem.

Exemplo 1.4

Observe o anúncio que consta no *link*: <http://portaldoprofessor.mec.gov.br/storage/discovirtual/galerias/imagem/0000000065/0000026367.jpg>. O anunciante é o jornal *O Globo*, e o produto, uma coleção chamada *Português passo a passo*, com comentários do Professor Pasquale Cipro Neto. O título do anúncio diz *"Vamos estar lançando uma coleção para você poder estar parando de falar errado"*, satirizando criativamente o uso excessivo do gerúndio e a informalidade, por vezes injustificável, da mensagem publicitária.

Outro traço marcante da linguagem publicitária é o de provocar o leitor, chamando sua atenção e despertando sua curiosidade, para fazer com que ele se interesse pelo texto.

Ainda podemos citar como características definidoras da linguagem publicitária:

- a dinâmica repetitiva (repetir uma ideia para fixá-la melhor);
- a capacidade de absorver referências da literatura, das artes, dos costumes, transformando-os em discurso de vendas;
- a incessante focalização no receptor da mensagem e na busca por referências que gerem reconhecimento (estereótipos);
- a incorporação das formas populares da língua;
- a escrita descontínua e breve (sintética);
- a contra-argumentação, que se ocupa em rebater os concorrentes;
- a expressividade assumidamente estética;
- o aconselhamento;
- a presentificação, ou seja, os textos são escritos para o tempo presente e, mesmo quando falam do futuro, sugerem uma ação imediata;
- a exploração de ambiguidades que ampliam os significados;

- uma espécie de camuflagem que busca, por vezes, uma conversa aparentemente desinteressada (com o leitor), fala de emoções e convida para uma fuga da realidade; a adesão virá mais pelos sentimentos do que pela razão.

Sobre as ambiguidades, o publicitário Stalimir Vieira (2003, p. 27) é categórico: "As diferenças, as dualidades, as contradições, as ambiguidades são estímulos fantásticos à produção criativa". Então, redator, pense sempre que as palavras podem oferecer significados secundários, perceptíveis ao leitor, e que a exploração dessas possibilidades pode tornar o texto mais rico e estimulante.

Exemplo 1.5

Sugerimos o anúncio das motocicletas Honda, que consta no seguinte *link*: <http://1.bp.blogspot.com/-sfldOwR9ZxU/VVU9PCkuKAI/AAAAAAAAEg0/SVFrWBgsXEA/s1600/an-honda-1000-varadero.jpg>. O anúncio apresenta o título *"A vantagem de viajar sem um destino certo é que você nunca fica perdido"*. A mensagem verbal, acompanhada de imagem principal que destaca a motocicleta com piloto e passageiro em uma estrada deserta, convida o leitor para a aventura, para as emoções que tornam a vida extraordinária, camuflando os objetivos de venda. Perceba que a expressão *perdido* tem um duplo sentido: não se perder durante a viagem, mas, ao mesmo tempo, perder-se e viajar sem amarras, sem destino.

No Capítulo 2, a linguagem da publicidade e seu desdobramento natural, o texto publicitário, serão nosso objeto de interesse e de aprofundamento.

Finalizando este tópico, relembramos que a pizzaria lá do começo saltou na frente de suas concorrentes porque compreendeu que os diferentes níveis de conversa – da mais corriqueira propaganda boca a boca até as mais complexas formas de interação da publicidade contemporânea – são fundamentais para estabelecer os laços que unem o consumidor ao produto ou ao serviço.

Então, para não esquecermos mais, publicidade é comunicação, ou, como já dissemos, um processo comunicacional! Essa é nossa casa, de onde surgem os princípios para o diálogo e para onde flui toda a eficiência dos mecanismos persuasivos da publicidade.

Vamos lá tirar a pizza do forno?

1.4
A evolução da propaganda

Agora, viajaremos um pouco pela história humana para analisar as origens da propaganda e sua evolução até os nossos dias. Importante destacar que, sem essa compreensão histórica, torna-se mais difícil entender as tarefas e a relevância da publicidade para o mundo atual.

A publicidade, como sabemos, tem uma intenção bem clara: vender (um produto, um serviço, uma ideia). No entanto, para alcançar esse objetivo, precisa ser argumentativa e sedutora, estética e verbal, clara e convincente, persuasiva: "Se entendermos o verbo *vender* em um sentido amplo, generoso, de levar aos outros a mensagem capaz de interessá-los em determinada ação, a finalidade principal da publicidade é vender" (Sant'Anna; Rocha Júnior; Garcia, 2009, p. 60-61).

Fique atento!

É claro que a publicidade também tem outras intenções ou objetivos: deter algum concorrente que esteja ganhando espaços, fortalecer a marca, reduzir o impacto da sazonalidade – por exemplo, um produto que vende muito bem no Natal, mas quase desaparece no resto do ano –, entre outros objetivos. Em termos amplos, contudo, se você observar, sempre há um pano de fundo: vender!

Vamos, então, voltar no tempo para descobrir as origens do discurso persuasivo.

Nossa viagem começa na Grécia Antiga, há mais de 2.500 anos, quando grandes oradores perceberam que a escolha correta do tema a ser tratado já definia um tipo de discurso. Depois, a tarefa era organizar os argumentos (os mais potentes ficavam reservados aos momentos decisivos), escolher as palavras, o estilo do texto, a postura do orador com seus efeitos de voz e gestos. Tudo isso elevou os discursos a uma forma de arte, especializada na persuasão e que buscava a adesão do público ouvinte – essa arte é a **retórica**.

Importante

"A definição de retórica é conhecida: é a arte de bem falar, de mostrar eloquência diante de um público para ganhar a sua causa. Isto vai da persuasão à vontade de agradar: tudo depende [...] da causa, do que motiva alguém a dirigir-se a outrem. O carácter argumentativo está presente desde o início: justificamos uma tese com argumentos, mas o adversário faz o mesmo: neste caso, a retórica não se distingue em nada da argumentação. [...]. Para os antigos, a retórica englobava tanto a arte de bem falar – ou eloquência – como o estudo do discurso ou as técnicas de persuasão e até mesmo de manipulação" (Meyer, 2007, p. 17).

A retórica é, portanto, a arte de convencer. Aristóteles, um dos grandes pensadores da Antiguidade, é reconhecido pelos historiadores como aquele que organizou esses saberes de forma que pudessem ser compreendidos e transmitidos para as gerações futuras.

Para saber mais

A obra de Aristóteles *A Retórica* é uma grande aula sobre a palavra eficaz e o desempenho do orador para o convencimento. Você pode consultá-la para conhecer mais sobre essa arte.

ARISTÓTELES. **Retórica**. Tradução de Manuel Alexandre Júnior, Paulo Farmhouse Alberto e Abel do Nascimento Pena. 2. ed. Lisboa: Imprensa Nacional-Casa da Moeda, 2005. Disponível em: <https://sumateologica.files.wordpress.com/2009/07/aristoteles_-_retorica2.pdf>. Acesso em: 15 maio 2020.

Todos nós já ouvimos discursos bem-elaborados que nos convenceram ou, ao menos, nos fizeram pensar, reforçando uma convicção ou fazendo-nos refletir para uma mudança. Com a publicidade não é diferente: ela reforça qualidades do produto que anuncia ou, então, demonstra a superioridade de um novo produto em relação aos concorrentes para estimular uma experiência nova, uma mudança de hábito.

Podemos dizer que a retórica, ou melhor, os princípios da retórica, fundamentam o discurso persuasivo da publicidade atual e as figuras de retórica, mais conhecidas como **figuras de linguagem** (metáforas, hipérboles, prosopopeias, antíteses etc.), povoam os textos publicitários.

Figura 1.5 Exemplo de antítese no texto publicitário

Temos, nesse exemplo, o uso da antítese, figura de linguagem que opõe duas ideias – nesse caso, economize/exagere. O título é: "*Economize nas calorias, exagere no sabor*" (maionese Hellmann's).

A retórica é um pilar importante para situar a propaganda e todo o seu potencial persuasivo; contudo, precisamos considerar que outros aspectos da evolução humana também foram fundamentais, como o desenvolvimento das atividades comerciais, por exemplo.

Desde a Antiguidade, os comerciantes perceberam que precisavam de um discurso de vendas que melhor convencesse a clientela. Pinturas e escritos passaram a anunciar as novidades. Os romanos pintavam figuras em praças públicas divulgando eventos de interesse ou, ainda, textos afixados comunicavam atos governamentais (publicidade oficial).

Os fenícios (povo de navegadores com vocação comercial) divulgavam seus produtos, conforme Bertomeu (2006), nas rotas mercantis mais movimentadas. Já na Idade Média, as feiras que reuniam comerciantes de diferentes regiões, todos expondo seus produtos e ávidos em fechar negócios, evoluíam ainda mais as técnicas orais e escritas de sedução e convencimento. Até hoje (você já deve ter percebido), as "feirinhas" espalhadas pelas cidades conquistam os clientes com muita conversa e boas ofertas.

Retomando, com a Revolução Industrial, já na Era Moderna, as cidades cresceram em torno das fábricas. As novas técnicas de produção em massa e a formação de uma classe média fez aumentar a oferta de produtos. Os excedentes precisavam ser escoados, e as técnicas da propaganda passaram a ser percebidas como uma ferramenta vital para o desenvolvimento da nascente sociedade de consumo – parceria que se consolidou mais e mais, tornando a publicidade o grande motor do consumo contemporâneo. Isso corrobora a seguinte afirmação de Vestergaard e Schroder (2000, p. 6): "Quando uma boa parte da população ultrapassa o nível de subsistência, a propaganda é inevitável".

Curiosidade

Outra referência natural para a propaganda e que desde a Antiguidade se apropria dos princípios retóricos é o **discurso político**, que atravessa os séculos buscando falar para cidadãos-eleitores e construindo uma tradição discursiva da qual ninguém escapa. Ou você nunca ouviu um discurso, um debate, ou leu um santinho de algum candidato a vereador ou deputado?

Da mesma maneira, podemos enquadrar os **discursos religiosos**, aspecto que se confirma em documento papal, que pela primeira vez utiliza o termo *propagare* com o sentido que temos hoje para a propaganda. O texto falava das técnicas de catequização que deveriam ser aplicadas aos habitantes do Novo Mundo, ou seja, aos povos nativos do continente americano.

Não podemos deixar de incluir nessa história a grande invenção de Gutenberg, por volta de 1450: a prensa tipográfica, uma revolução que eliminou as reproduções feitas à mão e, mais tarde, abriu um mundo de possibilidades para a propaganda impressa com os jornais, as revistas, os cartazes, os folhetos, enfim, as oportunidades que a publicidade precisava para multiplicar seus efeitos e alcançar centenas, milhares de pessoas, abarcando uma área geográfica maior.

Figura 1.6 Bíblia de Gutenberg

Para além de Aristóteles e da Grécia Antiga, outros pensadores debruçaram-se sobre a persuasão, as técnicas oratórias, as relações com os auditórios. Conhecidos autores da filosofia e da sociologia que influenciam o pensamento contemporâneo perceberam, em suas reflexões, a presença da publicidade e/ou do consumo e sua influência na vida cotidiana. Entre esses autores, recordamos Mikhail Bakhtin e os diálogos presentes na publicidade; Michel Foucault, que destaca as doutrinas e as sociedades de discurso; Pierre Bourdieu e a legitimação da autoridade; Roland Barthes e a imagem publicitária na contemporaneidade; Jean Baudrillard e as relações entre os seres humanos e os objetos (de consumo); e Zygmunt Bauman e a transformação das pessoas em mercadorias.

1.4.1
O surgimento das agências de publicidade

O natural crescimento das economias, da produção industrial, do sistema educacional, da infraestrutura de estradas e portos e também dos meios de comunicação impressos nas nações desenvolvidas exigiu uma profissionalização da área publicitária, que não podia mais sobreviver apenas com corretores que recebiam comissões; era necessário criar uma estrutura com diversos profissionais que atendessem às necessidades crescentes por espaços nas mídias e de produção de anúncios. Surgiram, então, a partir da segunda metade do século XIX, primeiro na Inglaterra e, principalmente, nos Estados Unidos, as agências de propaganda, oferecendo serviços especializados aos clientes.

No Brasil, as agências apareceram em razão das demandas de grupos multinacionais instalados por aqui desde as primeiras décadas do século XX. No entanto, o grande impulso – não apenas aqui, mas em todo o mundo – ocorreu após o final da Segunda Guerra Mundial, em 1945, quando se formou um ambiente otimista de negócios e trocas comerciais, reforçado pela compreensível euforia de consumo que tomou conta das pessoas depois de um período de grandes privações.

O surgimento dos meios audiovisuais de comunicação, como o rádio e a televisão, avançou ainda mais as oportunidades de contato com os consumidores, reafirmando a presença da publicidade no cotidiano das pessoas.

Na criação publicitária desse período pós-guerra, os estereótipos femininos (mãe, dona de casa, trabalhadora), a família perfeita, o homem executivo, enfim, os sonhos de uma sociedade ideal dominavam os anúncios de revistas, jornais, *outdoors* etc.

Para saber mais

O livro de Jorge S. Martins, *Redação publicitária: teoria e prática* (1997), apresenta um belo apanhado da evolução histórica da propaganda brasileira, desde os reclames que anunciavam, inclusive, a venda de escravos no Brasil Império, passando pela profissionalização do setor e chegando à busca por uma identidade própria.

MARTINS, J. S. **Redação publicitária**: teoria e prática. 2. ed. São Paulo: Atlas, 1997.

Leia também *A evolução do texto publicitário*, de João A. Carrascoza (2006), um minucioso estudo sobre o desenvolvimento histórico dos anúncios na propaganda brasileira.

CARRASCOZA, J. A. **A evolução do texto publicitário**. 8. ed. São Paulo: Futura, 2006.

Vejamos, a seguir, duas frases precisas de quem entende do assunto:

> David Ogilvy (citado por Moreira, 2015), reconhecido como o pai da propaganda moderna, fez a seguinte afirmação: "Se você está tentando persuadir as pessoas a fazerem algo, ou a comprarem algo, parece-me que você deveria usar a linguagem delas, a linguagem na qual elas pensam".
>
> Bill Bernbach (citado por Moreira, 2015), considerado a personalidade mais influente da história da publicidade mundial, disse: "Você pode dizer a coisa certa sobre um produto e ninguém irá escutar. Você tem de dizer de um jeito que as pessoas irão sentir no intestino. Porque se eles não sentirem, nada acontecerá".

Figura 1.7 Anúncio *Think Small*

O anúncio que consta na Figura 1.7 é uma pequena amostra de uma campanha publicitária que marcou época. O desafio para Bernbach e sua equipe era imenso: como vender, no mercado norte-americano do final da década de 1950, um automóvel pequeno para uma classe média endinheirada que sonhava com grandes carros. O conceito *Think small* ("Pense pequeno") é de um humor provocativo que chamou a atenção do público, destacando diferenciais como a facilidade de estacionar e a fama do Fusca de nunca "quebrar". Foi um sucesso!

Para saber mais

Convidamos você à leitura da reportagem da revista *Superinteressante*, assinada por Álvaro Oppermann. Nela, o jornalista apresenta o considerado maior publicitário da história, Bill Bernbach, e como ele vendeu o carro de Hitler na terra do Tio Sam.

OPPERMANN, A. Publicidade: o gênio do Fusca. **Superinteressante**, 31 out. 2016. Disponível em: <https://super.abril.com.br/historia/publicidade-o-genio-do-fusca/>. Acesso em: 15 maio 2020.

E a publicidade não parou de evoluir com o alcance de novos públicos e de novas faixas etárias – como adolescentes e terceira idade –, bem como dos argumentos relacionados ao meio ambiente, aos produtos naturais, ao culto ao corpo etc., chegando até a internet de nossos dias, que mudou nossos hábitos e nossas formas de interação social.

Portanto, não caia na armadilha de pensar que a publicidade tem fórmulas discursivas imutáveis e que basta repeti-las sempre. As sociedades mudam, os hábitos de consumo mudam, bem como os mercados com as novas tendências e as tecnologias comunicacionais, cada vez mais interativas e próximas das pessoas.

Fique atento!

Procure familiarizar-se com os nomes das grandes agências brasileiras e os grandes grupos internacionais, além de conhecer os criativos que trabalham nessas agências e as contas que são atendidas.

Inspire-se com aquilo que já foi criado e com as melhores soluções da atualidade.

Faça do mundo da publicidade o seu mundo!

1.4.2
Conceito de publicidade e propaganda

Precisamos, neste ponto, esclarecer definitivamente uma questão: Existe diferença entre os termos *publicidade* e *propaganda*? A resposta é **sim**. E essa diferença será importante (ainda que as conversas informais entre profissionais de mercado não se preocupem muito com isso) para a compreensão, por exemplo, de um objetivo de vendas e outro institucional.

Comecemos abordando o significado de *propaganda*.

A origem do termo, em seu sentido contemporâneo, "está baseada na tradição católica, mais especificamente relacionada à iniciativa do papa Gregório XV, que, em 1622, instituiu a 'congregação para propagação da fé'" (Marcondes Filho, 2009, p. 291). Essa iniciativa tinha por objetivo instruir os missionários sobre as normas necessárias para a difusão do conhecimento sobre o Evangelho – um verdadeiro manual de instruções, que incluía estratégias para a abordagem dos nativos do Novo Mundo.

A **propaganda** (do latim, *propagare*) não está, portanto, claramente ligada ao sentido de vendas de um produto ou serviço (ainda que colabore fortemente para isso), mas à difusão de valores, de ideias, sendo mais abrangente. Podemos dizer que ela é ideológica e que, contemporaneamente, defende as práticas e as convicções da sociedade de consumo.

Já a **publicidade** (do latim, *publicus*) é a face mais visível daquilo que reconhecemos nos enunciados publicitários, pois está concentrada em divulgar produtos, marcas e instituições com o objetivo de convencer e convidar o consumidor para a ação de compra. A publicidade tem, então, um caráter comercial. Sua função é promover o consumo de bens, transmitindo informações que considera úteis às pessoas e aconselhando-as para a aquisição – ora transmitem mensagens de fidelização, ora de mudança de hábitos, conforme as metas traçadas.

Fique atento!

Os termos *publicidade* e *propaganda* são utilizados indistintamente em nossa cultura e nas práticas de trabalho como termos afins, ou seja, com um significado abrangente que tanto diz respeito à publicidade comercial quanto à propaganda institucional.

Nota do autor

Nesta obra, optamos por adotar os termos *publicidade* e *propaganda* em seu sentido mais geral: "hoje em dia, ambos os termos são usados indistintamente, particularmente no Brasil" (Sant'Anna; Rocha Júnior; Garcia, 2009, p. 59), utilizando-os especificamente apenas nos momentos em que a discussão exija uma precisão, ou seja, quando a temática discutida impuser uma interpretação ideológica, tornando-a predominantemente propaganda.

A propaganda é uma ferramenta persuasiva e, consequentemente, pode servir tanto para a interação social cotidiana quanto, em uma situação-limite, para a defesa de ideias totalitárias e ditatoriais. A propaganda nazista é um triste exemplo de escolhas argumentativas que buscavam justificar o injustificável.

Ao contrário da língua portuguesa, que define separadamente os conceitos de publicidade e propaganda, a tradição inglesa definiu uma única expressão para dimensionar esses significados: *advertising*.

Um exemplo disso é a definição de Sampaio (2013, p. 13), que, ao refletir sobre a função da propaganda, na verdade, funde os termos *publicidade* e *propaganda*, tornando-os um único conceito:

> A função principal da propaganda é, essencialmente, disseminar informações, raciocínios e ideias que permitam aos consumidores estarem mais informados sobre os produtos e serviços existentes e disponíveis, e além disso, possibilitar aos anunciantes o aumento de seus negócios através da conquista de mais consumidores.

Assim, mais que conceitos com vida própria, *publicidade* e *propaganda* são, no mais das vezes, expressões que se tocam e se fundem em um mesmo entendimento.

Síntese

Neste capítulo, apresentamos as origens da linguagem publicitária, destacando que a comunicação é um fenômeno social de grande importância, fundamental para a propaganda. Também evidenciamos que há quem diferencie *propaganda*, mais ideológica, de *publicidade*, em tom mais comercial. A partir de agora, você já sabe que conhecer as funções da linguagem – incluindo ousadas (e calculadas) transgressões à norma culta – é essencial para a aplicação da comunicação publicitária.

Questões para revisão

1) (ENADE, Publicidade e Propaganda, 2012)

    A publicidade transmite informação persuasiva a um público-alvo com a intenção de atuar sobre as suas atitudes, para induzi-lo a um comportamento favorável ao anunciante. Portanto, os objetivos publicitários são objetivos situados no âmbito da comunicação e não devem ser confundidos com os objetivos comerciais ou de marketing. À publicidade não se pode atribuir objetivos em termos de cifras ou volumes de vendas, participação de mercado ou nível de benefícios. Esses são o resultado de toda a ação comercial, produtiva e financeira da empresa. GARCIA UCEDA, M. **Las claves de la publicidad**. Madrid: ESIC, 2001 (adaptado).

    Com base no texto acima, avalie as asserções a seguir e a relação proposta entre elas.

    I) A publicidade busca persuadir o público-alvo para que assuma comportamento favorável ao anunciante.

    PORQUE

    II) O volume de vendas de uma empresa depende das suas opções organizacionais nas áreas comercial, produtiva e financeira.

    Acerca dessas asserções, assinale a opção correta:
    a) As asserções I e II são proposições verdadeiras, e a II é uma justificativa da I.
    b) As asserções I e II são proposições verdadeiras, mas a II não é uma justificativa da I.
    c) A asserção I é uma proposição verdadeira, e a II é uma proposição falsa.

d) A asserção I é uma proposição falsa, e a II é uma proposição verdadeira.
e) As asserções I e II são proposições falsas.

2) Só existe um caminho para alcançarmos uma boa ideia (condição fundamental para o sucesso da publicidade). Esse caminho remete a um aprendizado fundamental do trabalho criativo: *quantidade gera qualidade*. Aponte qual das alternativas a seguir melhor explica essa premissa:
   a) O criativo precisa buscar a ruptura.
   b) A criatividade é um esforço coletivo.
   c) A tolerância é um traço importante do criativo.
   d) Uma boa ideia surge quando você menos espera.
   e) O criativo deve gerar hipóteses para melhor selecionar.

3) Entre as qualidades que marcam a linguagem publicitária, assinale a alternativa que **não** caracteriza seu estilo de diálogo:
   a) Provoca o leitor chamando sua atenção.
   b) Preferencialmente, utiliza o tempo futuro em seus textos para estimular a ação imediata.
   c) Incorpora formas populares da língua.
   d) Repete ideias que precisam ser memorizadas prioritariamente.
   e) Aconselha o leitor sobre a melhor decisão.

4) A publicidade raramente dialoga com todos os públicos ao mesmo tempo, ao contrário, ela elege um público-alvo principal e foca todos os seus esforços nesse auditório. Indique como o discurso publicitário (emissor) deve posicionar-se em relação ao grupo de consumidores (receptores) de pessoas acima dos 60 anos quando o assunto é **turismo**.

5) Entre as tantas características da linguagem publicitária, uma muito importante é a capacidade de síntese. Explique (em poucas palavras, é claro!), a necessária atenção que o redator publicitário deve ter para que seus textos sejam econômicos com as palavras.

Mãos à obra

Já que um dos assuntos deste capítulo foi a inauguração de uma pizzaria, vamos explorar essa questão um pouco mais. As pizzarias brasileiras tendem a se apresentar segundo um modelo italiano, contudo, suas receitas de pizzas estão cheias de invenções, como a pizza de carne seca ou de brigadeiro. Então, que tal assumir a "brasilidade" de nossa pizzaria?

1) Crie um nome para sua pizzaria que fuja daquele padrão italiano "Mamma Itália", "La Favorita" etc. Decida-se por um nome que já deixe claro aos consumidores de que se trata de uma pizzaria essencialmente brasileira. Apresente, pelo menos, cinco hipóteses de nomes. Justifique sua escolha.

2) Agora, desenvolva um texto de venda. Utilize duas das funções de linguagem apresentadas (a emotiva e a conativa) e desenvolva dois textos curtos (5 linhas cada um). No primeiro, em que o texto deve estar na 1ª pessoa, crie um depoimento de algum cliente satisfeito. No segundo, converse com o leitor, apresente o diferencial (pizzaria que se assume como brasileira) e convide-o a vir conhecê-la.

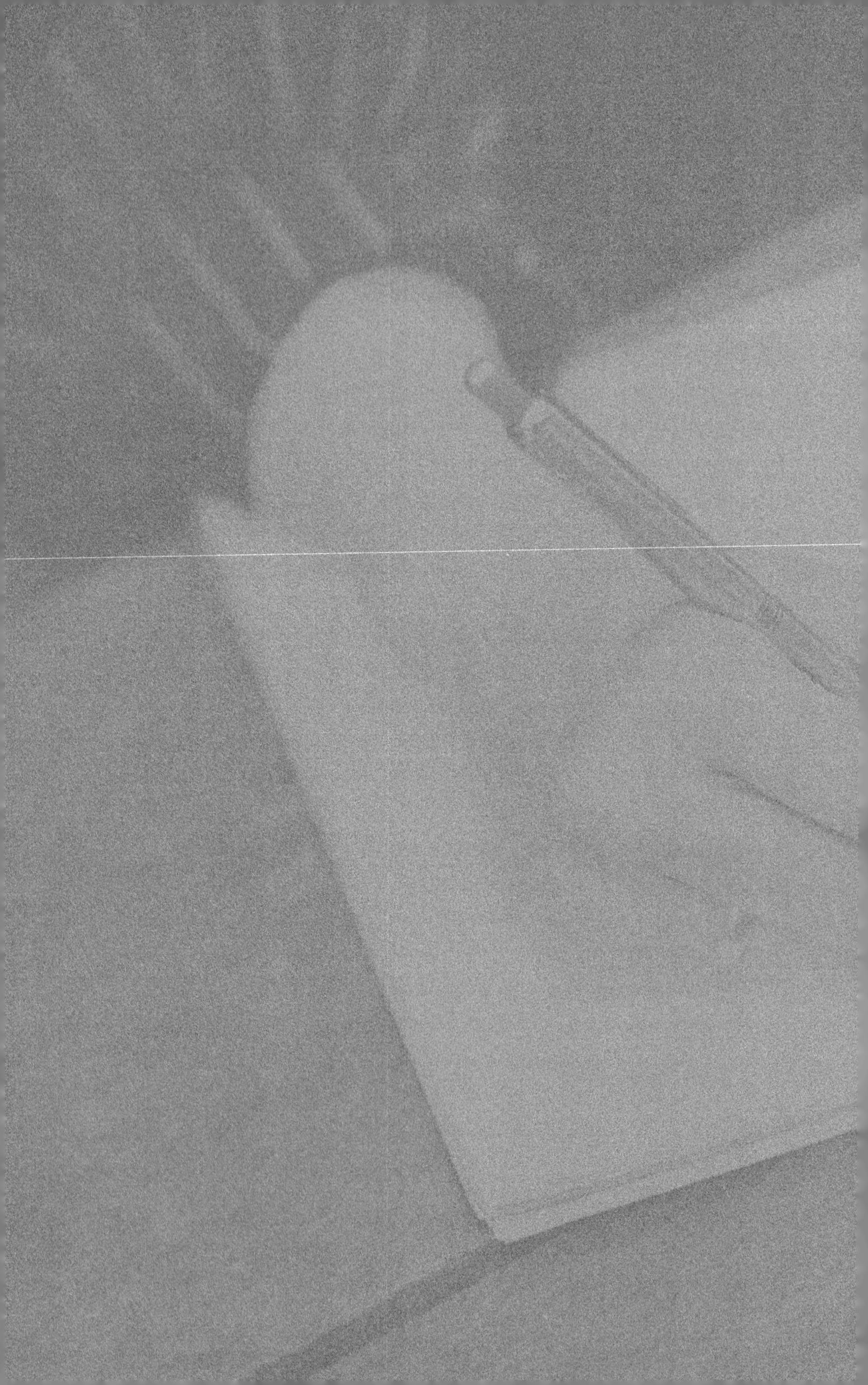

2
O texto publicitário

Conteúdos do capítulo

- Dimensão verbal da mensagem publicitária.
- Características do texto publicitário.
- Planejamento da redação publicitária.

Após o estudo deste capítulo, você será capaz de:

1. compreender as dinâmicas do texto publicitário;
2. construir argumentos apropriados à mensagem publicitária;
3. planejar a redação persuasiva adequada às intenções da campanha;
4. estruturar o texto, argumentar para convencer e tornar o texto de vendas mais fluente;
5. entender a importância da argumentação em textos publicitários.

A publicidade é um processo comunicacional e, como tal, busca diálogo com outras pessoas, e mais, tenta argumentar e persuadir seu auditório, oferecendo produtos e serviços que movimentam toda a sociedade de consumo. Suas raízes são antigas, e as técnicas de envolvimento, sedução e convite à ação vêm-se sofisticando ao longo da história, apoiadas atualmente por uma extensa estrutura tecnológica que não para de oferecer novas perspectivas de comunicação com os diferentes públicos.

Para sua maior eficiência, nos diálogos que promovem, os publicitários desenvolveram uma linguagem própria que se apoia nas funções conhecidas pela linguística, orientando-as aos interesses publicitários e colocando em funcionamento a situação comunicacional, que envolve, em cada uma de suas pontas, o emissor e o receptor.

Essa linguagem, que precisa informar e convencer, chega aos nossos dias veiculando mensagens nos mais diversos meios de comunicação ou, ainda, em espaços de circulação de pessoas que possam ser interessantes para a divulgação de determinado produto ou serviço – chamados de **no midia**, como os elevadores de grandes edifícios ou os corredores de desembarque de aeroportos –, utilizando diferentes códigos entre os quais está aquele que mais nos interessa nesta obra: a palavra.

Passaremos, então, a partir de agora, a destacar a dimensão verbal da mensagem publicitária, sem ignorar, é claro, que outros códigos (não verbais) e a própria oralidade, que transforma a palavra escrita em palavra falada, colaboram fortemente para a eficiência da mensagem.

Elegemos também, neste momento, o texto impresso – escrito, presente nos jornais, nas revistas, nos meios exteriores, nos folhetos e panfletos – como nosso objeto de estudo prioritário, entendendo que esse aprendizado pode servir como base para nossas reflexões sobre a mensagem presente nos meios audiovisuais e digitais.

Em outro âmbito, é importante identificar a dinâmica de funcionamento do mercado publicitário: "o discurso publicitário é formado por um tripé: anunciante, agência de publicidade (e seus profissionais) e público-alvo. O lugar da agência, logo, do publicitário e, por consequência, da ideia criativa, localiza-se entre o anunciante e o público-alvo" (Hansen, 2013, p. 31).

Então, agora, conheceremos a dinâmica de funcionamento do texto publicitário, suas características e seu estilo. Será uma viagem interessante e transformadora que, esperamos, desenvolva em você o conhecimento e as habilidades necessárias para que se sinta (e com razão) um **redator publicitário**!

Importante

O redator publicitário trabalha no departamento de criação da agência, ao lado do diretor de arte. Outros departamentos, como atendimento, planejamento, mídia e produção, colaboram para que a agência funcione como um time muito bem treinado, uma equipe de especialistas com diferentes conhecimentos e habilidades.

2.1
As características do texto publicitário

Texto publicitário é toda manifestação verbal percebida nos meios de comunicação que ocupa espaços criados especialmente para esse fim (ou adaptados, como no caso da publicidade *no midia*), ou seja, para a divulgação de produtos, serviços e ideias ao cidadão consumidor – espaços oferecidos pelos veículos de comunicação aos anunciantes, sob intermediação das agências de publicidade e que, nos meios impressos, apresentam-se na forma de **títulos, corpos de texto e *slogans*.**

Normalmente, o código verbal terá a companhia de outros códigos (não verbais) em uma relação de complementaridade. Adiante falaremos mais sobre isso.

Figura 2.1 Anúncio "típico" da publicidade impressa

O anúncio da Figura 2.1 pode ser considerado, do ponto de vista verbal, um anúncio típico da propaganda impressa. Apresenta **título** em destaque: "*Já não se faz carros como antigamente. A natureza agradece*" (no alto, à direita, fortemente relacionado à imagem que o envolve); **corpo de texto** (aplicado na faixa inferior da peça) e campo de assinatura (lado direito inferior, ponto de vista do leitor), com logo do anunciante; e *slogan*. No rodapé, constam informações complementares.

Vamos enumerar as **principais características do texto publicitário** que, como você já compreendeu, têm qualidades únicas, decorrentes das necessidades de argumentação e da busca pela adesão e pela venda de um produto/serviço ou de uma ideia.

1) O texto publicitário dispõe-se a conversar e, portanto, já aí temos uma primeira característica. Ele precisa ser **coloquial**, ou seja, não pode prender-se ao chamado *nível culto* da língua. Precisa de liberdade semântica para produzir os significados que mais lhe interessam e, para tanto, vai simular a forma como as pessoas relacionam-se em seus diálogos cotidianos. Ou você conversa com seus conhecidos usando afirmações como "Este frango não me apetece!" ou "Excelentíssimo senhor, meu professor", ou, ainda, com expressões como *doravante* ou *falácia*?

A palavra publicitária, desse modo, aproxima-se e tenta reproduzir muito mais o jeito **como as pessoas falam** do que a forma como as pessoas escrevem (que é sempre um pouco mais séria e formal). Lembra dos "desvios" linguísticos de que tratamos no primeiro capítulo?

E, se essa informalidade ganha o texto publicitário, significa que ele vai dispensar as palavras que dificultem a leitura e a interpretação, trocando-as por outras mais simples e compreensíveis (cuidado para não errar na dose!).

Exemplo 2.1

Veja um exemplo no seguinte *link*: <http://blogdoalexeelizeu.blogspot.com/2009/05/>. Trata-se de um anúncio da Sopa Maggi, que apresenta o título: *"Chegou Sopateen Maggi. Toma aí, cara"*, seguido do corpo de texto: "Essa é só sua. Você vai ficar antenado nos cereais, nos legumes e no macarrão. E se a sua mãe não estiver por perto, você mesmo faz. É pá-pum. Nessa você vai se ligar, *brother*". O anúncio encerra-se com o *slogan*.

O título apresenta ambiguidade e informalidade ("Toma aí"), e o corpo de texto é repleto de gírias e expressões cotidianas que buscam uma maior proximidade com o público *teen* ("E se a sua mãe não estiver por perto").

2) A redação publicitária procura sempre vender: produtos (roupas, por exemplo), serviços (cartão de compras da própria loja, por exemplo) e até ideias ("Nesse inverno, doe agasalhos"), razão por que precisa ser **persuasiva** e convincente em tudo aquilo que diz.

Não nos esqueçamos de que ela é uma **peça de retórica**! Precisa ser argumentativa, afinal, não existe convencimento sem, pelo menos, um bom argumento: "esse tecido é mais leve", "a cor do verão", "a moda europeia", "parcelamos em até três vezes", "sua mãe vai adorar" etc.

Ao contrário de outras formas textuais que buscam informar ou estabelecer um debate entre ideias, os textos da propaganda buscam superar os obstáculos que todo receptor tem: "tá meio caro!", "será que eu preciso disso?", "combina comigo?", "será que ele/ela vai gostar?", entre outros tantos questionamentos que funcionam como "freios" conscientes que todo consumidor tem (ou quase todos!).

E como o redator vai fazer isso?

Não é tão simples nem tão complicado. O redator publicitário precisa encontrar **argumentos** que sejam poderosos para seduzir "aquele" perfil de público (sim, cada público tem suas exigências e fragilidades) e que, ao mesmo tempo, derrotem os medos do consumidor ou demonstrem a superioridade do produto diante da concorrência.

> Com bom humor, Zeca Martins (2013, p. 17) retrata o cotidiano do redator: "você vai escrever. Muito. Mesmo. [...] Não se espante se, um dia, logo após entregar o texto para um anúncio de maternidade, pedirem a você um texto de anúncio fúnebre".

3) Para convencer alguém, é preciso **informar**, então, o caminho da persuasão atravessa, inevitavelmente, a informação. E quanto melhor a qualidade da informação que transmitimos aos nossos leitores, maiores as chances de ganharmos a atenção e, mais tarde, a aceitação por parte do nosso receptor daquilo que estamos dizendo.

Chamamos de *boa informação* aquela que, criativamente, estabelece um **diferencial** na mente do consumidor, como aquele bordão da Brastemp, que, ironicamente, afirmava: "**não é nenhuma Brastemp**". Pode ser bem simples (e memorável), o importante é destacar seu produto dos outros concorrentes.

Essa informação pode ser técnica e racional, usando dados de pesquisas e gráficos, por exemplo, ou emocional, misturando paixão e aventura. O importante é que seja suficientemente forte para levar o consumidor a fazer uma escolha – a escolha que estamos propondo a ele.

4) Como qualquer redação que se preocupa com o leitor, a publicitária deve ser **clara**, ao menos àquele público a que ela se destina, pois a mensagem (especialmente a mensagem de venda) não pode dar-se ao luxo de desperdiçar potenciais consumidores com uma conversa muito "filosófica", descontextualizada ou que fique dando voltas sem sair do lugar.

Fique atento!

A filosofia é essencial para a compreensão do ser humano e de suas relações com o meio e, portanto, será fundamental para nós, publicitários, atentarmos às reflexões que sejam úteis à compreensão da cabeça do consumidor e do mundo em que ele vive. Quando dissemos "conversa muito filosófica", quisemos, simplesmente, dizer que um discurso de vendas não pode ser complexo demais, criando dificuldades em sua forma de comunicar.

O leitor da propaganda não quer perder tempo diante de um anúncio, então, precisamos dar a ele um texto claro, que não deixe dúvidas sobre as qualidades do produto e de sua superioridade diante da concorrência. Além disso, não se esqueça de que a comunicação deve reduzir os ruídos, ou seja, as temíveis interpretações erradas ou distorcidas que podem empurrar o leitor para uma percepção diferente daquela que desejamos. *Clarear* significa que precisamos enviar uma mensagem que possa ser rapidamente compreendida, facilitando a vida do leitor.

5) E o leitor? Sabemos que não existe um leitor universal, mas que ele se diferencia de várias formas: orientação sexual, idade, classe social, preferências culturais, área geográfica etc., então, precisamos **adequar** o que escrevemos ao estilo e à visão de mundo de cada público ou, como preferem os especialistas, **adequar o repertório ao auditório**: "A publicidade visa aconselhar um determinado auditório sobre a vantagem de se escolher um produto ou serviço e, por isso, deve modular seu aparato argumentativo de acordo com as características desse público" (Carrascoza, 2007, p. 17).

Todo bom orador sabe disso: as ideias e as palavras mais envolventes e convenientes para aquele público, aquilo que significa mais para este (os valores, as crenças).

Para um(a) dono(a) de casa, venderemos a harmonia do lar; para um jovem, a aventura, e assim por diante.

Portanto não há outro jeito: é preciso perceber as pessoas (como faz um sociólogo ao observar as comunidades ou um psicólogo quando analisa o perfil comportamental das pessoas) e **pesquisar em fontes seguras** os hábitos e os valores de cada grupo social, a fim de propor um texto com uma linguagem que caiba dentro do "mundo" daqueles indivíduos, bem como para saber quais limites de ousadia são aceitáveis quando queremos sugerir uma mudança.

A internet facilitou a circulação de informações, disso ninguém tem dúvida; mas, ao mesmo tempo, abriu as portas para algo muito perigoso: a proliferação de mensagens que afirmam coisas sem qualquer confirmação dos fatos ou comprovação científica: as *fake news*. Então, cuidado! **Não aceite como verdade o que pode ser apenas desinformação ou manipulação.** Para isso, utilize fontes seguras e confiáveis em seu processo de coleta de dados (institutos de pesquisas, revistas especializadas, jornais tradicionais, profissionais reconhecidamente éticos etc.). Uma informação falsa pode comprometer todo o seu processo de trabalho e o resultado dele.

6) Isto é muito importante! A mensagem publicitária precisa ser **sintética** por um simples motivo: as pessoas organizam seu dia conforme suas prioridades de trabalho, família, escola, lazer, cultura, filantropia etc. Nesse sentido, a publicidade não é uma prioridade na vida das pessoas (precisamos compreender isso), e o tempo que elas nos oferecem para olhar um anúncio é muito escasso. Portanto, sejamos eficientes e sintéticos naquilo que escrevemos. Carrascoza (2003, p. 137), no entanto, faz um alerta sobre o modismo dos textos curtos: "Anúncios com carga informativa complexa pedem textos longos. Se há muito o que dizer, muito deve ser dito".

Fique atento!

Redigir um texto sintético **não** significa cortar informações importantes para o convencimento do leitor, mas **sim** ser econômico com as palavras, oferecendo um texto nem longo, nem curto, mas **na medida**!

Como conseguimos isso? Escrevendo e reescrevendo várias vezes, "enxugando" ou fortalecendo o texto até achar seu ponto de equilíbrio.

Exemplo prático

Gosto de escrever uma primeira versão do texto, que chamo de *"texto bruto* ou *Frankenstein"*. Nessa fase, ainda não estou tão preocupado com as escolhas das palavras e a elaboração das frases, mas sim em redigir um texto com todas as informações que considero necessárias ao convencimento, organizando-as (começo, meio e fim) e dando destaque ao argumento principal (aquele que considero o mais forte argumento para vencer as resistências do leitor). O texto bruto tem estrutura e argumentação, mas ainda não tem a fluência que o torna leve e agradável. Deixo isso para mais tarde, quando, então, vou caminhando para a versão definitiva, cortando aqui, clareando um ponto confuso ali, reforçando um argumento bom, mas pouco explorado, até que... chego lá, no texto desejado: claro, persuasivo, informativo, adequado, sintético. Assim, o *Frankenstein* vira um galã de cinema.

7) O texto econômico da publicidade precisa, além da síntese, de uma **unidade** que o torne não apenas conciso, mas também coerente na ligação entre as partes. São textos econômicos nas palavras, mas cada palavra, ponto ou vírgula têm sua razão de ser. É uma construção artesanal que deve ser precisa naquilo que quer dizer e equilibrada, de forma a tornar-se agradável ao leitor: "A maioria dos bons títulos e textos são pérolas de concisão de raciocínios diferentes e originais. Não se engane, isso se faz com muito esforço e algum talento" (Waiteman, 2006, p. 71).

Não apenas a síntese do conjunto (o texto publicitário) necessitará também de **frases curtas**. Ao contrário dos textos literários – ou mesmo de outros discursos, como o político ou o religioso, que, por vezes, fazem uma opção pelos períodos longos que divagam sobre determinados temas considerados relevantes aos seus auditórios –, a mensagem publicitária opta pela síntese frasal, mais fácil de ser assimilada e memorizada. O resultado pode parecer um pouco fragmentado, mas essas pequenas cápsulas de palavras (informativas e persuasivas) cumprem melhor o papel de fixação de uma ideia na mente do consumidor.

Exemplo 2.2

Por exemplo, o anúncio que consta no *link*: <https://tonyrodrigues.wordpress.com/2011/08/30/70-anos-de-kibon> comemora os 70 anos da Kibon. A promoção do tipo "Achou, ganhou" destaca, para além do título "*Promoção 70 anos de felicidade*", outras três informações em separado "mais de 1 milhão de prêmios no palito"; "Achou, Ganhou!"; "Vale 1 Picolé: Eskibon, Chicabon, Tablito ou Brigadeiro".

8) Concluindo as características mais gerais do texto publicitário, destacamos que a redação publicitária deve apresentar-se como uma **redação criativa**, ou seja, um texto que vai contar uma história, apresentar um produto, seduzir e vender, de uma forma **original**, que surpreenda e cative o leitor. Essa originalidade pode estar presente em algum dos elementos verbais da peça publicitária (título, corpo de texto, *slogan*) e/ou no conjunto (textos, imagens, cores) que compõe a solução estética do anúncio.

Figura 2.2 Título instigante e criativo

Este anúncio é bastante simples do ponto de vista estético, mas extremamente contundente em suas palavras. Perceba que o subtítulo – "Fomos tão fundo no assunto sustentabilidade, que este anúncio foi feito em papel comestível" – esclarece a contundência do título: "*Coma este anúncio*". A linguagem da peça é coloquial, clara e adequada ao público jovem (alvo do anunciante) e conversa diretamente com o leitor (função conativa). É também bastante persuasiva pelo ineditismo da sugestão (comer o anúncio), fixando o diferencial de ousadia que caracteriza o anunciante.

E como alcançamos essa solução criativa?

Por ora, é importante dizer que é preciso **experimentar**! Testar novas formas de dizer, novas linguagens – é claro, precisam ser coerentes com o "mundo" do público-alvo.

Um anúncio de *lingerie*, por exemplo, pode tomar a forma de um poema em homenagem à beleza; a mensagem de um bombom de chocolate pode tornar-se uma carta romântica enviada ao amado; ou, ainda, um cachorro pode "conversar" (por que não?) com seu dono sobre a melhor ração.

Criação é fantasia! Viaje com seu leitor e, depois, retorne para a realidade – a realidade associada ao produto que você está ofertando.

Fique atento!

Fuja dos clichês. Eles são os maiores inimigos da criatividade. Clichês são aquelas ideias óbvias, gastas pelo uso excessivo, que não surpreendem mais ninguém, tipo "**Mãe é** uma só" ou "Natal é tempo de presentear". Chato demais! Você pode até precisar dizer isso, mas escreva de outra forma, por outro ponto de vista.

A criatividade significa, também, um "estilo" próprio de apresentação das ideias. Mensagens bem elaboradas definem uma identidade para a marca e seus produtos, um estilo que não fica restrito a apenas uma peça, mas que é uma forma de comunicação com o consumidor que evolui ao longo dos anos e das campanhas. Além disso, é sempre coerente com aquilo que já disse e aquilo que pretende dizer, estabelecendo uma relação agradável e duradoura, em que o leitor nunca terá dificuldades para perceber quem está iniciando a conversa (a comunicação da Natura e do Itaú podem ser bons exemplos).

A criatividade pode ser expressa não só no conteúdo verbal e em sua associação com os elementos visuais, mas também na forma da peça: o fôlder com um recurso gráfico surpreendente; o *outdoor* com um aplique que rompa seus limites físicos.

Exemplo 2.3

Veja um exemplo interessante no *link* a seguir: <http://www.elciofernando.com.br/blog/wp-content/uploads/2012/05/outdoor-morumbi02.jpg>. O anúncio faz referência ao famoso quadro do pintor surrealista catalão Salvador Dalí: A persistência da memória.

A criatividade nos anúncios publicitários apresenta-se sempre como o "tempero" que a mensagem verbal precisa para tornar-se mais envolvente e efetiva.

Analisaremos mais a busca pela originalidade nos Capítulos 4, 5 e 6.

A rede semântica

Carrascoza (2003, p. 18) nota que, desde a década de 1990, o texto publicitário brasileiro incorporou um procedimento de "associação semântica – por analogia de significados", derivada do processo de associação de ideias e que "resulta num método construtivo a que se costuma chamar em literatura de 'palavra-puxa-palavra'".

Exemplo prático

Veja um exemplo da técnica associativa que pode colaborar para a chamada *rede semântica* com a palavra geradora *gravata*: pai-trabalho-executivo-negócios-estresse-escritório-reunião-elegância-sucesso-nó-... Pronto, de uma forma muito simples, você definiu uma palavra-chave, que é o assunto de seu anúncio (loja de vestuário masculino), e termos que orbitam em seu entorno.

Ao propiciar maior envolvimento entre destinatário e mensagem, Carrascoza (2007) considera que um texto moldado por relações associativas constitui um recurso retórico com grande capacidade persuasiva.

2.1.1
A estrutura do texto publicitário

A redação publicitária tem, como você está concluindo, muitas particularidades que a tornam um texto com características bem definidas, contudo, é claro, mantém proximidade com as formas redacionais mais tradicionais, ou seja, apresenta elementos comuns, como a busca pela clareza e o cuidado na escolha das palavras, bem como coerência estrutural: um começo, um meio e um fim.

Todo leitor, sempre que se depara com um texto, espera a seguinte estrutura: introdução, desenvolvimento, conclusão. Fomos todos "ensinados" e temos essa expectativa.

O texto publicitário não seria diferente, e também precisa apresentar ao leitor essas três partes. No entanto, você poderá fazer o seguinte questionamento: Mas o texto publicitário não é sintético – por vezes, extremamente sintético – e, portanto, despreocupado com a estrutura?

A resposta é **não**!

Por mais econômica que seja a mensagem verbal publicitária, ela deve apresentar um caminho lógico que faça o leitor ultrapassar esses três níveis. Então, podemos dizer que o texto publicitário contém:

1) um vínculo inicial;
2) um desenvolvimento qualificador;
3) um convite à ação.

Fique atento!

Não se esqueça de que o texto publicitário, normalmente, estará acompanhado por imagens, que colaboram para a transmissão das informações.

Vamos avançar essa fórmula estrutural:

1) Essa atração inicia-se já com o **título** da peça impressa e pode, ou não, estender-se nas primeiras frases do corpo de texto. Seu objetivo é atrair o leitor para determinado assunto (o assunto que nos interessa, por exemplo: *estresse*) e fazê-lo sentir-se "dentro" da mensagem. Conforme Citelli (2000, p. 12): "Essa fase é importante porque visa assegurar a fidelidade dos ouvintes". No entanto, ainda não é o momento de apresentar o produto, apenas introduzir uma questão que o público-alvo considera pertinente. Algo que fale, por exemplo, do cansaço com as rotinas do dia a dia.

2) Agora que o leitor já foi atraído para nosso universo e está pensando sobre a problemática do estresse, podemos apresentar o produto, suas qualidades e seu diferencial (um tratamento natural antiestresse). Estamos, agora, desenvolvendo o **corpo do texto**: "Na apresentação de argumentos, o texto amplia as ideias desenvolvidas no título" (Hoff; Gabrielli, 2004, p. 97). Os argumentos cumprem seu papel persuasivo – por exemplo, "o mais vendido no Japão", "não agride seu organismo" – e induzem o leitor para a aceitação. O objetivo é reduzir as resistências e convencer o receptor apresentando provas, ou seja, comprovando a eficácia do produto. Outro caminho seria o da argumentação emocional – por exemplo, "o equilíbrio saudável do seu corpo".

3) Caminhamos para o **desfecho** da mensagem (ainda no corpo do texto) e, para chegarmos lá, precisamos fazer um convite, sugerir um movimento, uma ação em direção à aquisição do produto: "Então, o que você está esperando para viver melhor?". Citelli (2000, p. 12) recorda a estrutura sugerida por Aristóteles, que chamava de *peroração*, a última fase do discurso: "É o epílogo, a conclusão. Pelo caráter finalístico, e em se tratando de um texto persuasivo, está aqui a última oportunidade para se assegurar a fidelidade do receptor".

Perguntas & respostas

Pergunta: A estrutura que se impõe ao texto publicitário não prejudica a liberdade criativa que todo processo de criação deve ter?

Resposta: Pense da seguinte maneira: a estrutura que atrai, envolve e convida indica apenas um caminho coerente para o redator, uma forma apropriada (qualquer inversão ou eliminação de alguma das etapas tornaria o texto ilógico). Quanto ao conteúdo, esse é todo do redator, que terá a máxima liberdade para experimentar diferentes formas de abordagem até encontrar a melhor solução textual.

Celso Figueiredo, em sua obra *Redação publicitária: sedução pela palavra*, recorda um aspecto importante relacionado à "circularidade" do texto publicitário, que ele chama de *estrutura circular*, ou seja, que retome, ao final, o assunto lançado no título. Nas palavras desse autor: "Quando um texto consegue essa volta, partindo do título, conduzindo o raciocínio do leitor pela narrativa, passando pelas justificativas técnicas acerca das qualidades do produto anunciado, e termina retomando o assunto do título" (Figueiredo, 2014 p. 46), o texto ganha em coesão e coerência, dificultando contestações do leitor.

Exemplo 2.4

Atente para o anúncio que consta no seguinte *link*: <http://www.portaldapropaganda.com.br/noticias/8292/aurea-alimentos-lanca-a-linha-delivery-de-molhos-e-condimentos/>. Trata-se de um anúncio da área alimentícia, que seduz por meio de frases como "é impossível resistir" e, depois, convida à ação: "experimente e surpreenda-se".

É bom lembrar que essa estrutura pode ser eficiente para os discursos publicitários que buscam apresentar, sustentar ou reposicionar um produto/serviço (maioria das mensagens publicitárias) ou, ainda, para os discursos institucionais da propaganda (por exemplo, um projeto cultural apoiado pelo banco Y). Peças sustentadas exclusivamente por imagens – comuns quando o objetivo é de fixação e valorização de uma marca, como anúncios de perfume ou de joias – buscam a persuasão mais expressiva do que discursiva e, portanto, não podem ser avaliadas em sua estrutura verbal, pois a ausência ou a escassez de elementos redacionais inviabilizam tal percepção. Abordaremos mais sobre os níveis de envolvimento leitor/mensagem no Capítulo 3.

2.2
A argumentação publicitária

O mais barato

Saborosíssimo

Segurança total

O mais veloz

Sólido como uma rocha

Saudável porque é natural

Tecnologia de última geração

Fórmula francesa

O mais vendido nos Estados Unidos

Irresistível

Além da estrutura da mensagem verbal publicitária, que organiza os conteúdos colocando-os em uma ordem que, progressivamente, envolve o leitor e o conduz para uma decisão favorável, é necessário pensar no conteúdo da mensagem e no poder de persuasão que ela deve ter. Essa decisão em favor dos apelos da mensagem mostra-se na forma de argumentos – como os citados anteriormente – que querem vencer as resistências do consumidor – o público-alvo da publicidade.

A ideia é que o receptor da mensagem envolva-se com o argumento de modo que não possa contestar ou desconstruir o raciocínio ou a prova apresentada: "argumentar é raciocinar, propor uma opinião aos outros dando-lhes boas razões para aderir a ela" (Breton, 2003, p. 26).

Os **objetivos gerais** da argumentação publicitária são:

a) quebrar as resistências;
b) buscar a adesão.

O caminho para o convencimento, no entanto, não é simples. Aquilo que pode ser extremamente forte para determinado grupo de consumo pode soar insosso para outro; ou aquilo que funcionava como um bom argumento dez anos atrás, hoje já perdeu sua importância; ou, ainda, aquele argumento coerente em uma área geográfica (um estado brasileiro, por exemplo), com dadas características culturais, pode parecer agressivo ou sem sentido em outra área.

Isso significa que os argumentos variam conforme o público com o qual se conversa, as tendências de momento e os valores de cada cultura. É preciso conhecer bem o interlocutor, compreender sua visão de mundo e suas expectativas com relação ao consumo.

Exemplo 2.5

No *link*: <https://www.propagandashistoricas.com.br/2013/05/gravatas-van-heusen-anos-50.html>, observe um anúncio antigo da publicidade estadunidense que reforçava as relações de desigualdade de gênero, sendo, portanto, inadequado na atualidade.

Se temos, então, diferentes discursos para diferentes públicos, podemos afirmar que existem **tipos de argumentos**.

Vamos a eles!

1) Há muito se fala sobre a racionalidade humana, a qual se manifesta nas diferentes decisões que tomamos, seja em ações relevantes, como financiar uma casa, seja em ações mais cotidianas, como decidir qual o lanche da tarde.
A razão está por toda parte, recheando os discursos e afetando consumidores que, acima de tudo, são humanos racionais.

Nós, publicitários, sabemos disso e vamos buscar argumentos que satisfaçam a razão do consumidor. O fator econômico é o maior exemplo, aparecendo em expressões como: "Parcele em 24 vezes", "Pague só depois do Carnaval", "Cheque para 90 dias"; mas também podemos perceber esse argumento sustentado pela razão das provas técnicas: "elimina 99,9% dos germes", "protege totalmente a sua gengiva".

Os **argumentos racionais** utilizam a evidência dos fatos, aquilo que pode ser confirmado. Podemos utilizar exemplos de vida, como "faça como o Seu Francisco, que economizou 150 reais todos os meses"; ou testemunhos, como: "Passei a usar o creme hidratante...".

A persuasão estimula, nesse caso, o raciocínio lógico, que utiliza premissas e oferece respostas para induzir a uma conclusão.

Exemplo 2.6

Observe, por exemplo, o anúncio que consta no seguinte *link*: <http://tradeye.blogspot.com/2009/06/colgate-palmolive-ativa-marca-protex-em.html>. O título da peça do anunciante Protex – "*A boa saúde depende de mãos limpas*" – não deixa dúvidas sobre a racionalidade do aconselhamento.

2) A raça humana, no entanto, não é 100% razão (basta observar um torcedor de futebol!) e se deixa levar em suas decisões pelos fatores sentimentais. A emoção conduz uma parte significativa de nossa existência e seu poder nunca pode ser subestimado.

Não seria diferente nas relações de consumo.

O discurso publicitário é consciente dessa necessidade que ultrapassa a razão e penetra o campo da subjetividade ao propor mensagens carregadas de estímulos à sensibilidade. Os **argumentos emocionais** exploram os valores sensíveis e convidam para os sentimentos mais altos (compartilhar, presentear), bem como apelam à fuga da realidade (aventura, romance, ação).

Esse tipo argumentativo tem sua força no estímulo aos sentidos e ao desejo autenticamente humano de viver de forma intensa cada momento da vida.

Os valores de *status*, que oferecem um mundo de prazeres exclusivos, também cabem nessa definição.

3) A essa altura, você deve estar perguntando: Se o lado racional é tão eficiente com sua lógica e, ao mesmo tempo, as emoções tocam tão forte os corações, será que não podemos reunir essas duas forças em um mesmo argumento?

A resposta é **sim**, mas tome cuidado!

É possível construir um argumento que reúna **emoção + razão**, utilizando-as em equilíbrio, ou melhor, empregando os argumentos emocionais para criar um clima favorável, e os objetivos, para satisfazer a racionalidade. Reunidos, esses elementos convidarão o receptor à adesão: "O raciocínio retórico é capaz de atuar junto a mentes e corações, num eficiente mecanismo de envolvimento do receptor" (Citelli, 2000, p. 19).

Os anúncios de automóveis são um bom exemplo do que ora tratamos. Quase sempre começam expondo vantagens relacionadas à potência do motor, às tecnologias do painel, aos comandos inteligentes, aos dispositivos de segurança, ao espaço interno etc. – todos argumentos racionais apresentados para satisfazer as necessidades do consumidor.

Mas não é tudo. Um carro não é apenas (com todo respeito!) um liquidificador que a pessoa leva para casa para agilizar algumas tarefas da cozinha. Um automóvel está sempre associado ao sonho humano do movimento, dos deslocamentos facilitados pela tecnologia das máquinas, sem esquecer as viagens e os prazeres de estar com a família, com os amigos, com a(o) namorada(o), e por aí vai.

Então, a mensagem publicitária automobilística também diz sobre as aventuras, as paixões, as estradas desertas ao pôr do sol, o vento no rosto etc.

Pronto! Temos aí uma **argumentação mista**, que equilibra e satisfaz o lado emocional e o racional, construindo um significado mais que satisfatório ao leitor.

Ah! E, para arrematar, tem o preço "com desconto" e as condições de pagamento "facilitadas".

Fechamos negócio!

Outro exemplo: a mensagem publicitária mostra as vantagens em participar de um clube de milhas: "acumule milhas" (racional) e "ganhe viagens dos sonhos" (emocional).

Mas (sempre tem um "mas"!) tome cuidado: nem sempre o casamento entre razão e emoção dará certo. Se você tiver um ótimo argumento racional (ou emocional), então, use-o soberanamente, pois ele será suficiente para a persuasão. Qualquer informação ou sensibilização adicional pode, em muitos casos, confundir ou desfocar o leitor, fazendo-o desistir da conversa.

Fique atento!

Use seu bom senso e só utilize a **argumentação mista** se a situação (o contexto da conversa) for favorável. Na verdade, inicie o diálogo com uma das linhas (razão ou emoção) em mente. Lá pelas tantas, se você perceber que o produto apresenta igualmente características poderosas das duas forças e, ao mesmo tempo, que o público-alvo está preparado para essa dupla aceitação, acione esse tipo de argumento.

2.2.1
Hierarquia dos argumentos

Quando organizamos os dados para criar um anúncio de um produto ou serviço, normalmente nos deparamos com vários possíveis argumentos. Aquela loja de produtos de pesca tem uma "grande variedade de produtos", "é tradicional" naquela comunidade, "faz entregas em domicílio", "trabalha com as marcas consagradas" e, além disso, é "bem localizada" e oferece "cursos para iniciantes". Esses são apenas alguns exemplos de uma gama enorme de informações que podem ser interessantes aos consumidores e que precisam ser divulgadas.

Como, então, escolher os "melhores" argumentos?

Uma série de fatores relacionados aos objetivos de comunicação, ao perfil do público-alvo e ao histórico de relacionamento daquela marca com seus consumidores será determinante.

O fato é que não podemos, simplesmente, lançar todos esses (e muitos outros) argumentos na direção do leitor ao mesmo tempo e com a mesma intensidade. O receptor da mensagem ficaria, evidentemente, confuso com tanta informação, e essa dificuldade poderia resultar em uma interrupção da comunicação.

Curiosidade

Um publicitário norte-americano, Rosser Reeves, criou, na década de 1940, um conceito que chamou de USP (*Unique Selling Proposition*, em português, "proposição única de venda"). Ele pregava que toda mensagem publicitária deveria concentrar-se em apenas um atributo (que chamamos, aqui, de *argumento principal*). O restante seria acessório, complementar (argumentos secundários). O conceito USP conquistou muitos adeptos, incluindo David Ogilvy, e continua, em nossos dias, como uma referência fundamental para a eficiência do discurso publicitário.

Precisamos, então, não apenas selecionar os argumentos úteis para o alcance dos objetivos determinados pelo planejamento, mas, principalmente, dar-lhes uma ordem de importância, ou seja, hierarquizá-los.

Figura 2.3 Os argumentos precisam ser hierarquizados

Argumentos *versus* contra-argumentos

Tão importante quanto conhecer as suas armas – ou seja, os argumentos que você pretende utilizar para convencer seu leitor – é conhecer o sistema de defesa do receptor – em outras palavras, as possíveis resistências que ele vai oferecer aos seus argumentos. Essa muralha defensiva é um **contra-argumento**: um argumento que o leitor pode usar para repelir o poder de seu argumento.

Exemplo prático

Gosto de fazer um exercício dividindo a tela ou a folha de papel em duas colunas. Na primeira, listo meus argumentos de venda (as qualidades racionais e emocionais do meu produto) e, na segunda, os malefícios que podem produzir a **não** adesão, os contra-argumentos de resistência. Com essa prática, consigo enxergar melhor os focos de resistência e quais as melhores armas para superar os obstáculos.

Um exemplo:

Você está criando uma peça publicitária em defesa do uso da bicicleta tipo: "deixe seu carro na garagem e vá de bicicleta".

Argumentos favoráveis	Contra-argumentos
Prazer, saúde, bem-estar físico e mental, proximidade com o meio ambiente, com a cidade e as pessoas, diversos modelos, vantagens financeiras etc. "*Os carros produzem poluição, efeito estufa, poluição sonora, congestionamentos, doenças respiratórias, sedentarismo, irritabilidade, sensação de perda de tempo, consumo de combustíveis fósseis, acidentes, comprometimento de parte da renda*" (Dias, 2009).	Perigoso (acidentes e assaltos), distâncias longas, suor e cansaço, falta ou precariedade de ciclovias, desrespeito dos motoristas, preguiça, falta de hábito, carência de áreas próprias de estacionamento etc.

Assim, consigo hierarquizar meus argumentos. O mais potente (aquele que pode derrotar melhor os contra-argumentos) chamarei de **argumento principal**. Ele será a minha principal arma no processo persuasivo.

E o que você fará com os outros argumentos de sua lista?

Certamente, não vai jogá-los todos fora. Alguns podem não servir para a estratégia que você traçou, mas outros serão valiosos como elementos complementares ao esforço de convencimento. Você vai utilizá-los como argumentos **secundários** ou **periféricos**.

É interessante a simbologia do lutador de boxe que desfere em seu adversário um repertório de golpes (**argumentos secundários**) que vão minando a resistência para, no momento oportuno, soltar o braço (**argumento principal**) e derrotar o oponente. É claro que o consumidor não é nosso inimigo e, portanto, não precisamos derrotá-lo, mas o exemplo ilustra a estratégia que um texto persuasivo deve adotar para a superação de um sistema de defesa, utilizando uma combinação de argumentos secundários e argumento principal.

Não se esqueça de que um consumidor recebe milhares de mensagens publicitárias diariamente e, portanto, somente os melhores golpes, ou, nesse caso, argumentos, é que vão superar a muralha e alcançar o coração e a mente do consumidor: "Um indivíduo se depara hoje com cerca de 2500 anúncios por dia" (Lipovetsky, 2007, p. 151). Entenda-se, aqui, a expressão *anúncios* de uma maneira genérica, ou seja, das mídias tradicionais ao meio digital, passando pela publicidade ao ar livre e outras ações comunicacionais. Poderíamos substituí-la por *mensagens publicitárias*.

Importante recordar uma vez mais que o melhor argumento é aquele adequado ao perfil do público, ao estrato socioeconômico e cultural, às tendências ou às tradições referentes ao segmento em que atua o produto. Um bom argumento aqui pode ser um péssimo argumento ali.

2.2.2
Inadequação de um argumento

Você já deve ter lido ou ouvido algo sobre os desodorantes que atuam por até 72 horas. Alguns, talvez, tenham-se questionado: Mas será que preciso de uma proteção tão prolongada? Qual a necessidade disso, já que meus intervalos entre banhos são muito menores?

Pois bem, temos aí um exemplo interessante de uma possível inadequação.

Brasileiros, bem como australianos, colombianos e mexicanos, tomam, em média, dois banhos por dia. São os povos que, por hábitos culturais e tradições, mais entram debaixo do chuveiro (tudo bem, alguém pode contra-argumentar que também são os maiores "gastadores" de água!).

Provavelmente, você já ouviu que os franceses tomam menos banhos; no Reino Unido, na Turquia e no Japão, a média é de um banho por dia. Em algumas culturas, como a chinesa, por exemplo, a quantidade de banhos durante a semana é menor quando em comparação à frequência de banhos nas culturas anteriormente citadas[1]. Condições culturais em alguns casos e também dificuldade de acesso à água, comuns (infelizmente)

---

[1] A pesquisa foi realizada pela consultoria de análise de tendências Euromonitor. Os resultados chamaram tanto a atenção que diversos veículos de comunicação divulgaram os dados da pesquisa. Mais informações podem ser obtidas na reportagem *Tomar banho todos os dias não é prática comum em alguns países* (Vieira, 2015).

em muitas partes do mundo, tornam o banho um ato menos frequente.

O desodorante passa, nessas situações, a ser um produto ainda mais importante, e sua ação prolongada (até 72 horas), altamente recomendável. Contudo, esse não é o caso da maioria dos brasileiros, apaixonados por banhos – mesmo com dificuldades de acesso à água em regiões mais pobres e secas e com menor infraestrutura, sempre dão um jeitinho para garantir uma deliciosa e refrescante ducha.

Nesse caso, o que se percebe é uma **inadequação** do argumento utilizado no mercado brasileiro.

A mensagem pode soar coerente em muitas partes do mundo, mas, para muitos de nós, brasileiros, causa estranheza e enfraquece o poder de persuasão que se espera de todo argumento. Tudo bem que, alguém pode contra-argumentar que um desodorante 72 horas é mais poderoso do que um 24 ou um 48 horas e, portanto, tem lá suas vantagens. Será mesmo?

Fique atento!

Para Philippe Breton (2003, p. 25), destacado autor da teoria argumentativa, a argumentação é, essencialmente, uma relação de comunicação, e seu critério não pode ser tão somente a eficácia: "argumentar não é convencer a qualquer preço, o que supõe uma ruptura com a retórica no sentido em que ela não economiza meios para persuadir".

Figura 2.4 Estereótipo de um francês

Para saber mais

Para você aprofundar seus conhecimentos no tema fascinante da argumentação, não apenas pelos interesses profissionais, mas também porque as opiniões que expressamos e os debates de que participamos estão recheados de argumentos e contra-argumentos, duas obras serão fundamentais.

Para conhecer a argumentação em suas relações com a retórica, esta obra é uma excelente fonte de consulta:

PERELMAN, C.; OLBRECHTS-TYTECA, L. **Tratado da argumentação**: a nova retórica. Tradução de Maria Ermantina Galvão G. Pereira. São Paulo: M. Fontes, 1996.

Para quem quer explorar o raciocínio lógico para as conclusões, consulte:

TOULMIN, S. E. **Os usos do argumento**. Tradução de Reinaldo Guarany. 2. ed. São Paulo: M. Fontes, 2006.

2.3
A fluência do texto publicitário

O leitor nos dá uma única chance, então, o texto precisa ser leve, agradável, dialogado, fácil de ser compreendido. Já tratamos um pouco da importância da fluência para a qualidade de um texto. Agora, vamos avançar nisso.

A fluência em um texto significa o ritmo e a leveza que proporcionam a melhor absorção de conteúdos pelo receptor da mensagem.

Você já percebeu isso muitas vezes, em outras situações de leitura. Todos aqueles que gostam de ler – e esperamos, sinceramente, que você goste, pois é inimaginável ao futuro grande redator da publicidade brasileira que não esteja construindo um bom repertório a partir das leituras mais variadas! – já devem ter notado que, entre as boas qualidades de um texto, está a capacidade de fazer com que o leitor se deixe levar pelas frases, pelos parágrafos e pelas páginas da história de tal forma que, sem ver o tempo passar, ele (o leitor) atravessou um ou mais capítulos sem nenhuma dificuldade ou desprazer.

Você, como leitor, já foi conduzido pelo autor de um texto em um conjunto de informações que compreendeu perfeitamente e se deixou envolver de modo irresistível.

Um bom texto publicitário não é um romance de 200 páginas, mas uma mensagem de poucas linhas. Contudo, deve ter essa mesma qualidade de contar uma rápida história (com o produto no meio!) que vai seduzir o leitor e fazê-lo compreender, sem esforço, as qualidades daquilo que se está anunciando.

Fique atento!

Para a mensagem publicitária, a fluência é a qualidade final que o texto deve ter, exigindo do redator um cuidado artesanal com as palavras para que elas facilitem a compreensão e a memorização das informações mais importantes.

Você vai precisar de um pouco de paciência, pois nenhum excelente texto publicitário surge em um passe de mágica. Então, eis algumas dicas preciosas:

1) Você escreveu a primeira versão de seu texto, o texto bruto e imperfeito, que agora precisa de uma revisão qualificadora para a versão definitiva. Não tem melhor maneira de detectar falhas no texto do que **lendo-o em voz alta** para perceber suas sonoridades e a (in)coerência do que está sendo dito. Assim, as deficiências saltam e doem no ouvido. Grife palavras, frases, trechos que não estão soando bem. Reescreva.

2) Texto publicitário é texto **sintético**, então, elimine tudo que estiver sobrando, as repetições, as informações desnecessárias para aquele leitor ou contexto, mas não esqueça: "Um texto de duas linhas pode ser longo demais, se a primeira linha não nos levar com naturalidade à segunda" (Carrascoza, 2003, p. 137).

3) Os argumentos devem vencer o leitor/consumidor, portanto, dê a eles toda a força necessária. Escolha muito bem cada ideia e as melhores palavras para explicitá-la, de modo a tornar a leitura mais agradável e a **argumentação poderosa**.
4) Toda redação pode produzir um "nó"; você precisa **clarear** esse ponto confuso, enquadrá-lo no ritmo geral da mensagem. Reconstrua a frase inteira se for o caso!
5) Leia em voz alta.

Fique atento!

Uma segunda opinião sempre ajuda. Caso tenha algum colega disposto a fazer a crítica, ou seja, colocar-se no lugar do leitor-alvo e detectar possíveis deficiências, vai ser uma ajuda e tanto. Aliás, é sempre bom colocar um olhar externo sobre os textos que produzimos, pois ele enxerga coisas que às vezes não vemos. Sabemos que toda crítica dói um pouco na autoestima, mas é muito útil para a qualidade final de um texto publicitário.

2.3.1
Planejamento da redação publicitária

Ultrapassadas as condições que consideramos essenciais para um bom texto publicitário – **estrutura lógica** que conduza o leitor pelas ideias, seleção de **argumentos poderosos** para convencimento e adesão e um **texto fluente** que facilite a assimilação das ideias pelo leitor –, vale retroceder para um ponto anterior ao ato de redigir: trata-se de **planejar**!

Um hábito que, normalmente, ignoramos ou minimizamos, com a desculpa de que não há tempo a se perder, é o de planejar; no entanto, sem planejamento estamos sempre à deriva.

Com a redação publicitária não é diferente! Logo que somos desafiados, começamos a escrever sem sequer saber o rumo, com ideias vagas que não nos levam a lugar algum. Acreditamos que, por alguma magia, chegaremos ao texto perfeito em poucos minutos, quase sem nenhum esforço.

Não vai funcionar, e todos que já se aventuraram pela escrita sabem disso!

Figura 2.5 Redator sem planejamento

Antes de tudo, é preciso capturar as informações que formam a base do problema:

- entender o problema de comunicação;
- conhecer o público e o mercado-alvo;
- identificar os objetivos que precisam ser atingidos;
- debater os dados;
- compreender o histórico de comunicação e o que o anunciante vem dizendo, atualmente, aos seus consumidores;
- entender o segmento do produto (higiene, transporte, alimentação etc.) e suas especificidades;
- conhecer as qualidades do produto ou do serviço (e suas eventuais fraquezas);
- saber qual imagem da marca está na mente do público;
- dominar a situação: lançamento (produto precisa ser apresentado), sustentação (relacionamento permite abordagens mais avançadas) e reposicionamento (novas qualidades e usos).

Resumindo, é preciso ler o *briefing*!

Importante

Para Sampaio (2013, p. 22), *briefing* significa "a passagem de informação de uma pessoa para outra, especialmente do anunciante para o executivo de atendimento e deste para os demais profissionais envolvidos no processo" e conclui que "o briefing deve conter todas as informações relevantes e nenhuma que não seja", ou seja, um bom *briefing* **não pode ser curto, nem longo demais!**

Do *briefing* de comunicação, com dados mais gerais, caminha-se para o pedido de criação, ou *briefing* de criação, uma forma objetiva e sintetizada de levar as informações para o departamento de criação, como abordaremos no Capítulo 4.

As informações listadas anteriormente são as informações que precisam ser assimiladas por nós, redatores, e que serão fundamentais para a "calibragem" da mensagem. Burtenshaw, Mahon e Barfoot (2010, p. 84), na obra *Fundamentos de publicidade criativa*, defendem que "Um bom briefing criativo deve ser escrito de modo a estimular a criatividade e promover ideias originais. Alguns briefings sugerem caminhos que a equipe de criação pode querer explorar, enquanto outros contém 'pontos de partida criativos' ou pequenas informações para analisar o problema".

Vamos, agora, associar o hábito de planejar o texto aos conhecimentos que já temos.

Você já sabe que a mensagem publicitária mira um **público**, portanto, é preciso conhecê-lo, e mais, entender o contexto da mensagem para que o leitor possa compreendê-la (a chamada *decodificação*).

Saber que é preciso **estruturar a mensagem** (definir quais são os conteúdos de apresentação, de desenvolvimento e de desfecho) e listar os **possíveis argumentos de venda** também é planejar!

Outra atenção que o redator deve ter é a respeito do meio em que será veiculada a campanha.

Os **meios impressos** representam um conjunto formado por revistas, jornais, meios exteriores e fôlderes, que têm afinidades e particularidades. Cada um desses meios de comunicação apresenta vantagens e limitações. Por exemplo, o *outdoor* (meio exterior) destaca-se pelo gigantismo de suas dimensões, que chamam a atenção; no entanto, os meios exteriores precisam comunicar rapidamente para as pessoas que passam apressadas nos carros e nos ônibus. Já o fôlder pode conversar um pouco mais demoradamente com o leitor, mas, para isso, precisa fazer com que o receptor interaja com a peça, ou seja, sinta-se estimulado a passear seus olhos pelas informações presentes nas diferentes dobras do material. Analisaremos mais os meios de comunicação e suas características no próximo capítulo.

Incorpore o hábito de **planejar**. Fica muito mais fácil e seguro escrever quando você sabe o que dizer, o momento de dizer, o tom certo para aquele público, o espaço de que você dispõe para dialogar e o tempo que o leitor está disposto a lhe oferecer.

Fique atento!

Esqueça aquela ideia de que a criatividade resolve todos os problemas e que qualquer planejamento tira a originalidade da mensagem.

Planejar é pensar organizadamente, e pensar é fundamental para criar e redigir.

Figura 2.6 Estrutura, argumentação e fluência do texto

Propomos, agora, a análise da peça do anunciante Banco Original. Importante destacar a presença da imagem do velocista Usain Bolt, que domina esteticamente o anúncio e justifica os argumentos verbais utilizados na peça publicitária.

> Título: *Romper, Repensar, Recriar. Isso é ser ORIGINAL.*
>
> Corpo de texto: *O Banco original vai revolucionar a sua relação com o dinheiro. Aqui tudo é mais simples, prático e descomplicado. Porque para nós, não é o dinheiro que move o mundo. É o que você faz de original com seu dinheiro que tem o poder de transformar as coisas. Baixe o aplicativo e descubra um novo jeito de cuidar das suas finanças. 100% DIGITAL. Abra sua conta pelo celular.*
>
> Slogan: *Você é original. Esse banco é seu.*

O título cumpre, estruturalmente, seu papel de atração inicial. Associado à imagem de Usain Bolt, o então atleta mais rápido do mundo, cria um vínculo inicial entre a peça e o leitor. O corpo de texto – sintético, claro e com frases curtas – apresenta as características do produto/serviço (segmento financeiro), qualificando-o perante o público-alvo (correntistas cansados com as formas tradicionais de relacionamento bancário).

O argumento é racional ("simples, prático, descomplicado"), mas com uma pitada de emoção ("é o que você faz de original com seu dinheiro", "poder de transformar as coisas"), e estabelece o diferencial ("100% digital"), que define o argumento principal. Na conclusão, o texto convida à ação ("Baixe o aplicativo", "descubra", "Abra sua conta pelo celular").

Textualmente, o redator entendeu de forma adequada o problema e os objetivos de comunicação, as expectativas do público-alvo, mastigou os dados, imprimiu um tom de novidade e redigiu um texto estruturado, argumentativo e fluente (fácil de ser interpretado).

Síntese

Neste capítulo, destacamos que o texto publicitário deve ser planejado de acordo com vários fatores: objetivos de campanha, público-alvo, espaço disponível entre outros aspectos. Para tanto, é preciso compreender a necessidade de conhecer o mercado e o público a ser atingido, bem como o histórico a respeito do que se está anunciando. Além disso, ressaltamos a importância da estrutura e da argumentação publicitárias e, ainda, evidenciamos que um texto fluente é aquele que facilita a compreensão da mensagem.

Questões para revisão

1) (Enade, Publicidade e Propaganda, 2012) Considerando que parte significativa do texto publicitário contemporâneo no Brasil é construída por meio de relações associativas ou redes semânticas, avalie as afirmações abaixo.

   I) Relações associativas ou redes semânticas são formadas por palavras e(ou) expressões que guardam similitude entre seus significados.

   II) Na elaboração de texto publicitário, usa-se o recurso de rede semântica para tornar o texto mais atraente e mais facilmente memorizável.

   III) Na publicidade, a rede semântica pode ser considerada recurso retórico eficaz para levar o destinatário à percepção positiva do produto anunciado.

   É correto o que se afirma em:
   a) I, apenas.
   b) III, apenas.
   c) I e II, apenas.
   d) II e III, apenas.
   e) I, II e III.

2) A afirmação "adequar o repertório ao auditório" nos recorda da importância da adequação para a eficiência do texto publicitário. Assinale a opção que melhor compreende a afirmação no âmbito da relação mensagem/público-alvo:
   a) Significa dizer que o texto publicitário deve utilizar uma linguagem adaptada ao mundo do receptor da mensagem.
   b) Afirma que a qualidade da informação se sobrepõe aos aspectos construtivos da mensagem.

c) Sugere que ao texto publicitário se exige unidade e coesão no seu conjunto.
d) Recorda-nos que a originalidade do texto é que vai cativar o auditório.
e) Afirma que a mensagem deve ser sintética para a memorização dos argumentos.

3) O argumento é o núcleo do processo persuasivo da mensagem publicitária. Quanto à sua hierarquia, é possível afirmar:
a) Todo argumento publicitário é emocional, pois o discurso publicitário existe para seduzir.
b) Sua condição de convencer exige a definição de argumentos principal e secundários.
c) A racionalidade do consumidor aponta para o prevalecimento de argumentos objetivos.
d) Sua hierarquia é linear, ou seja, todos os argumentos têm a mesma força e importância.
e) O argumento publicitário não responde a nenhuma hierarquia, pois deve ser criativo.

4) Um texto publicitário precisa estabelecer, estruturalmente, um vínculo inicial com o leitor; depois, desenvolver as qualidades do produto; e, por fim, convidar à ação. Comente a importância dessa última etapa para o êxito da mensagem publicitária.

5) Quando tratamos dos tipos de argumentos, citamos a argumentação mista, que utiliza elementos racionais e emocionais em igual proporção. Apontamos o exemplo da publicidade de automóveis, que a utiliza largamente. Cite e comente sobre outro setor da economia publicitária que também faz uso dessa estratégia argumentativa.

Mãos à obra

1) Uma questão central ao texto publicitário é a persuasão, então, vamos criar uma nova lista de argumentos e contra-argumentos (como fizemos no exemplo da bicicleta). Dessa vez, a palavra matriz será *filtro solar*.

   O filtro solar é fundamental para a proteção da pele, mas é meio chato ficar espalhando o creme pelo corpo e pelo rosto. Dizem que é necessário aplicá-lo mesmo nos dias frios e nublados (haja paciência!). Crie uma lista (a mais completa possível) enumerando argumentos e contra-argumentos. Depois, selecione (da lista de argumentos) o argumento principal (aquele que melhor derrota os argumentos contrários) e mais duas ou três informações de apoio (argumentos secundários). Feito isso, você terá as armas persuasivas para o discurso e poderá iniciar um diálogo com um público imenso (usuários e potenciais usuários), tentando convencê-los de que o filtro solar Y deve ser usado o ano inteiro.

2) Com os argumentos definidos, redija um texto estruturado (um vínculo inicial sobre a importância de proteger a pele; um desenvolvimento qualificador explorando os argumentos persuasivos; e um convite à ação sugerindo o uso do produto o ano inteiro). É claro que é uma primeira versão do texto (texto bruto).

3) Agora, vá caminhando para a versão definitiva até chegar a um texto claro e com frases curtas, vendedor, informativo, mas sintético, e, se possível, original no uso da linguagem.

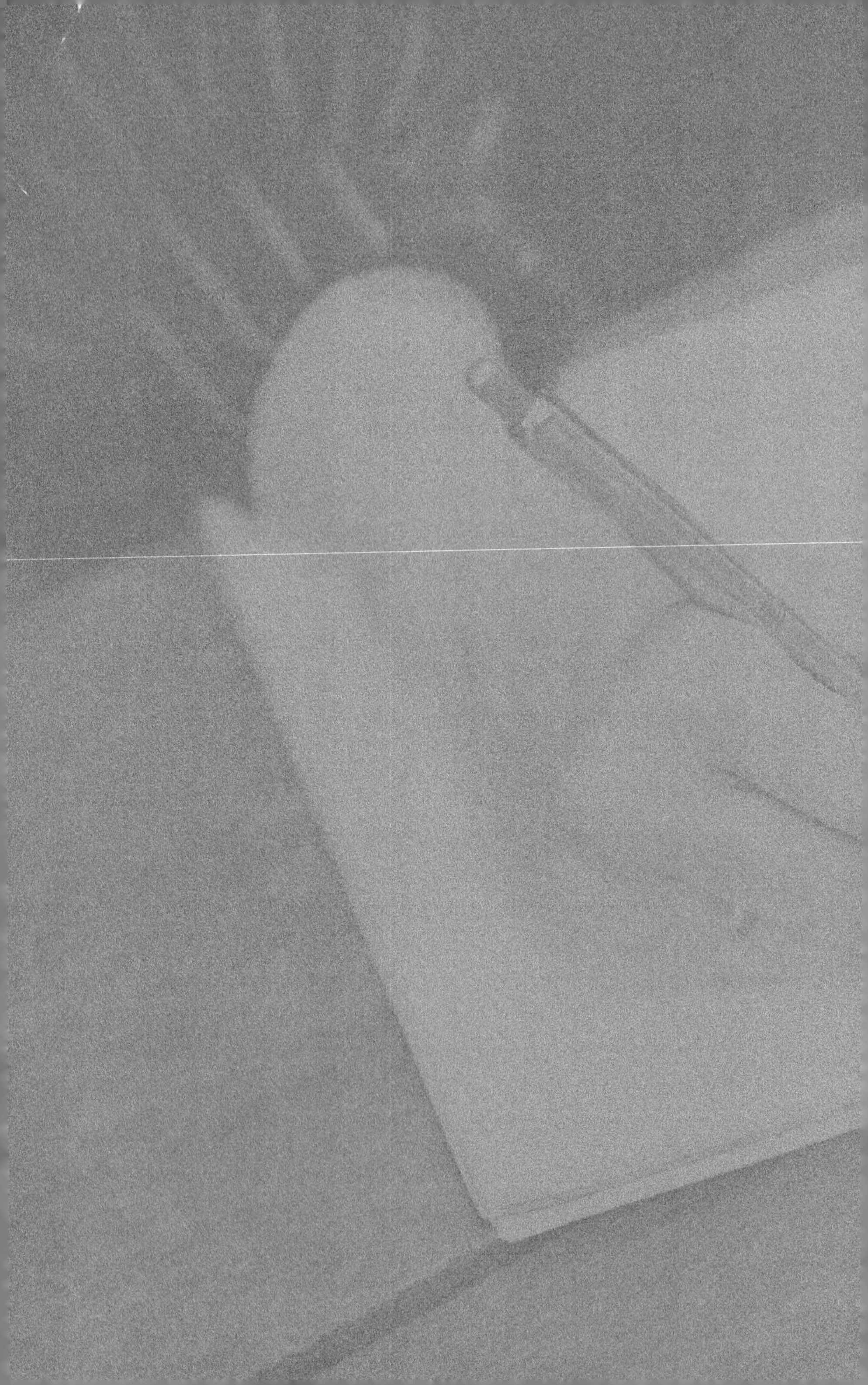

3
A estrutura do anúncio

Conteúdos do capítulo

- Peça publicitária.
- Título, corpo do texto e *slogan*.
- Adequação da linguagem publicitária aos meios de comunicação impressos.
- Ancoragem na publicidade.

Após o estudo deste capítulo, você será capaz de:

1. adequar o texto publicitário aos veículos impressos;
2. compreender a interdependência entre texto e imagem;
3. diferenciar título, corpo de texto e *slogan*;
4. entender o processo de ancoragem;
5. explicar a histórica análise realizada pelo semiólogo francês Roland Barthes;
6. compreender a mensagem publicitária e seus significados culturais e sociais mais complexos.

Esta obra, como você já sabe, dedica-se ao estudo da redação publicitária presente nos meios impressos, portanto, interessam-nos aqui os anúncios publicitários de revistas, jornais, *outdoors* e demais meios exteriores, além dos fôlderes e seus congêneres desse grupo gráfico.

As peças publicitárias impressas constituem-se em diferentes espaços proporcionados pela superfície do papel ou de outros materiais adequados às técnicas de impressão (como fachadas laterais de prédios e vidros traseiros dos ônibus). Assumem, assim, diferentes formatos, desde a página simples de uma revista até as múltiplas dobras de um fôlder, passando pelas dimensões dos mobiliários urbanos (mub), pelos apliques em *outdoors* ou por um espaço bem diminuto no jornal (1/8 de página, por exemplo), que vai exigir muita criatividade espacial, entre muitas outras formas que podem ser negociadas nos veículos de comunicação.

Para conhecer mais, acesse o *site* de uma revista ou de um jornal e veja a quantidade de formatos disponíveis aos anúncios publicitários, ou, então, na página de uma gráfica, os cortes e as dobraduras possíveis para um fôlder.

Para ocupar esses espaços, a mensagem publicitária utiliza uma estrutura coerente que explore os códigos comunicacionais pertinentes ao meio impresso: as imagens estáticas, as cores em suas tonalidades e seus contrastes e a palavra escrita.

Toda a estrutura da mensagem publicitária precisa, assim, contar com elementos verbais e visuais que vão compor o conjunto denominado **peça publicitária**.

A organização visual ocorre pela apresentação de imagens fotográficas ou ilustrações, além das soluções gráficas relacionadas aos tipos de letras, traços e formas que compõem a peça.

Importante

Particularmente importantes (para nós, redatores) são os elementos verbais: o título, o corpo de texto e o *slogan*, que formam a massa textual de uma peça publicitária impressa.

A estrutura do anúncio estará completa com a presença do campo de assinatura: logo e *slogan* do anunciante – normalmente posicionados no desfecho da mensagem, como informação última, tal qual a assinatura de um documento, que avaliza o que foi dito na parte de cima. Reveja a estrutura de um anúncio típico na Figura 2.1, no Capítulo 2.

Vamos, agora, abordar com mais detalhes as características de cada um desses três elementos verbais e suas relações de harmonia com a construção visual proposta.

3.1
A presença verbal na mensagem publicitária impressa

A palavra é uma das forças da mensagem publicitária, e sua capacidade de propor uma conversa e argumentar em favor da venda é fundamental aos objetivos persuasivos que determinam a essência do discurso publicitário. São três as formas de apresentação verbal nos enunciados publicitários: o título, o corpo de texto e o *slogan*. Iniciamos pela compreensão do título publicitário.

3.1.1
O título publicitário

Você certamente já notou, em diferentes situações (diante de um cartaz da escola ou da capa de um livro, por exemplo), que a comunicação impressa, para ter mais clareza e eficiência, utiliza um título que oriente o leitor para o conteúdo que virá a seguir. Esse título pode apresentar-se de uma forma bem simples e direta, como: "Comunicado", "Aviso", "Certificado", "Notificação", entre tantas outras expressões.

Em outros casos, contudo, como na literatura ou no cinema, o título pode ser um chamariz para despertar a curiosidade do leitor, oferecendo apenas pistas que atraiam a atenção do receptor da mensagem. O título publicitário está nessa segunda categoria. É certo que ele precisa informar o leitor, mas o faz de forma criativa, sedutora, inteligente.

Não à toa, os títulos publicitários são apresentados em uma área de destaque da peça, bastante visível aos olhos do leitor, em letras maiores e formas atrativas, avisando que se encontra ali a primeira informação verbal que deve ser lida. Como se dissesse: "Olá, bem-vindo, entre por aqui!". Por essa razão, o título publicitário também é chamado de *head line*, ou seja, a cabeça do anúncio, o primeiro elemento de contato verbal.

É interessante notar que, como leitores, estamos acostumados a isso, pois fomos "ensinados" a procurar pelo título. Ele é o começo e será fundamental para o êxito ou para o fracasso da mensagem.

Exemplo 3.1

Veja, por exemplo, o anúncio acessível pelo seguinte *link*: <https://quasepublicitarios.wordpress.com/2011/08/12/anuncios-da-tam/>. Esse anúncio, da companhia aérea TAM, destaca, no título – "*Hotel com 5 bilhões de estrelas*" –, uma informação irresistível para o leitor: a de que o hotel mais estrelado do mundo está nas nuvens. São duas as imagens do anúncio: um avião decolando e uma criança observando as estrelas pela janela.

Vejamos, agora, algumas das principais qualidades de um título:

1) Deve apresentar-se como uma **frase aberta** e nunca terminativa, ou seja, uma frase que não se completa em si mesma, que não é suficiente, pois apenas inicia uma conversa, deixando no ar, ao leitor, um desejo de querer saber mais (e esse "saber mais" virá com o corpo de texto). O título é, portanto, essencial para a continuidade da leitura: "são frases curtas com grande impacto, que, preferencialmente, não esgotam o assunto tratado, já que é desejável que a atenção conquistada seja mantida e conduzida por todo o anúncio" (Figueiredo, 2014, p. 20).
2) O título publicitário, nos meios impressos, gosta da companhia de uma imagem, e isso se justifica: **texto e imagem** são forças comunicacionais com grande poder de complementaridade, portanto, precisam estar, na peça publicitária, em harmonia, buscando o significado desejado. Mais à frente, trataremos do **processo de ancoragem**, que une palavra e imagem.

3) Um bom título **seleciona** o público com o qual quer falar. Ele deve fazer alguma referência ao mundo social do receptor, dizer algo (linguagem) que faça com que o leitor sinta-se incluído no interior da mensagem, predispondo-o mais fortemente à adesão.

Características do título publicitário

a) Pode citar algum **benefício** do produto que interesse ao leitor. Vantagens atraem até mesmo o leitor mais reticente ou preguiçoso para a leitura.
b) A **curiosidade**, por meio de uma pergunta ou de uma afirmação contundente, é uma boa estratégia para que o leitor siga os rastros do texto.
c) Alguns títulos podem ser ótimos para determinado segmento de produtos ou público, mas não terão o mesmo efeito em outras circunstâncias; então, o título deve ser **coerente** para aquele ramo de negócios e para aquele perfil de público.
d) No âmbito da argumentação, um título **pode direcionar-se para a razão ou enquadrar-se como uma emoção**. Cabe ao redator entender qual o melhor caminho para atender às expectativas do público-alvo e quais as necessidades de consumo que se quer explorar.
e) Deve apresentar-se de forma simples (não simplória!), em um sentido de clareza, para que o leitor assimile sem dificuldades essa primeira informação verbal.

Perguntas & respostas

Pergunta: Existe um tamanho ideal para o título?

Resposta: Um bom título apresenta-se, idealmente, na síntese de uma frase, mas essa frase não tem um tamanho ou um número de palavras suficientes (claro, nunca se estenda demais!). Se tem mais a dizer, crie um subtítulo que prolongue a ideia inicial ou, então, um antetítulo que prepare o leitor para o impacto do título que virá logo em seguida.

Por vezes, o título cumpre a função integral da textualidade em uma peça. Isso ocorre, muitas vezes, em situações em que a marca anunciante não pretende informar as qualidades de seu produto, e sim fixar-se na memória do leitor como uma lembrança confiável.

Veja, na figura a seguir, um exemplo de quando o título cumpre plenamente os objetivos de comunicação: "Você pode fechar um grande negócio sem uma boa propaganda...O seu". A ambiguidade e a fina ironia dispensam imagens ou textos complementares. O anúncio comemora o 4 de dezembro, Dia Mundial da Propaganda, e é assinado por entidades representativas da atividade publicitária no Brasil.

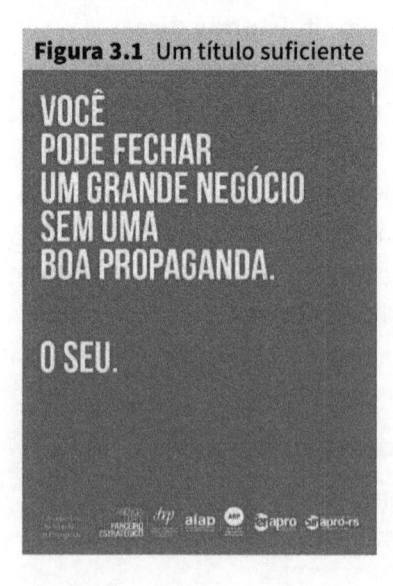

Figura 3.1 Um título suficiente

VOCÊ PODE FECHAR UM GRANDE NEGÓCIO SEM UMA BOA PROPAGANDA.

O SEU.

■ *Fique atento!*

Criar um título significa criar muitos, mas muitos, títulos (pergunte para qualquer redator profissional). Talvez cinquenta, talvez até 100 títulos. O importante é sondar o problema e todas as possibilidades antes de fechar negócio com a melhor ideia de título. Então, nada de preguiça física e mental! Comece a digitar ideias na forma de frases (pense em variações sobre uma mesma ideia). Até um pedaço de papel e uma caneta servem. Com o foco no problema e uma boa atmosfera para a criação (mente livre e motivação), nada pode deter o surgimento de uma grande ideia na forma de um título. "O título vale 80% da verba investida: vale 80 *cents* de dólar, para repetir a evidência apresentada por David Ogilvy em seu Confissões de um homem de propaganda" (Barreto, 2008, p. 134).

3.1.2
O corpo de texto publicitário

Você já compreendeu a importância do título como uma primeira e fundamental tentativa de diálogo com o leitor. Quanto mais eficiente esse primeiro laço, maiores as chances de conduzir o leitor até o espaço ideal de conversação: o corpo de texto.

E por que *ideal*?

O título organiza-se, normalmente, em apenas uma frase ou, no máximo, duas; logo, fica difícil contar toda a história em um espaço tão restrito, daí a importância do corpo de texto. É nele que as qualidades do produto, os principais argumentos, as promessas de eficiência e, talvez, até alguma comparação com o produto concorrente encontrarão o espaço ideal para exposição. É nele também que podemos convencer, de fato, o potencial consumidor para a necessidade de aquisição do produto ou serviço que estamos oferecendo: "uma vez conseguida sua atenção, é necessário fornecer a este consumidor o máximo de informação possível, convencê-lo de que, realmente, nosso produto é muito bom e que vale a pena comprá-lo" (Figueiredo, 2014, p. 41).

Vamos tratar, então, das características essenciais para o corpo de texto publicitário:

1) O corpo de texto é o **desenvolvimento do *tema*** (guarde essa palavra!), portanto, deve prestar atenção ao comando, ou seja, à ideia norteadora da mensagem, contemplando as informações que já foram, previamente, selecionadas. Falaremos mais sobre o **tema publicitário** nos Capítulos 4 e 6.
2) O **primeiro parágrafo** cumpre função importante, pois deve desenvolver a ideia que foi inicialmente colocada pelo título. Não há nada mais frustrante para o leitor do que ter sua curiosidade despertada no título e, depois, não encontrar respostas no corpo de texto.
3) O corpo de texto deve **adequar-se ao meio solicitado** (jornal, fôlder, cartaz etc.) e, também, ao formato da peça (meia página, uma dobra etc.), aos objetivos de comunicação, à cultura do mercado-alvo e às expectativas do público-alvo (informações disponíveis no *briefing* da criação).
4) Você já sabe, mas é importante frisar: o corpo de texto deve ser **sintético**, porém sem abdicar de todas as informações consideradas fundamentais para o convencimento do leitor.

5) Além disso, o texto deve apresentar **estrutura e fluência próprias** e **argumentar para convencer** (conforme vimos no Capítulo 2).
6) Precisa, por fim, experimentar novas abordagens em busca de uma **linguagem original**.

Resumindo, o corpo de texto deve ser simples e direto, conciso, mas informativo, persuasivo e claro, além de convincente nas verdades que apresenta. Contudo, nós, redatores, não podemos nos esquecer do seguinte princípio: "A última coisa a ser vista pelo leitor é o texto principal, que apenas será lido se a chamada e a imagem do anúncio, com outros aspectos visuais, tiverem mantido seu interesse o suficiente para que queira seguir lendo" (Burtenshaw; Mahon; Barfoot, 2010, p. 106).

Figura 3.2 Texto eficiente ou autoritário?

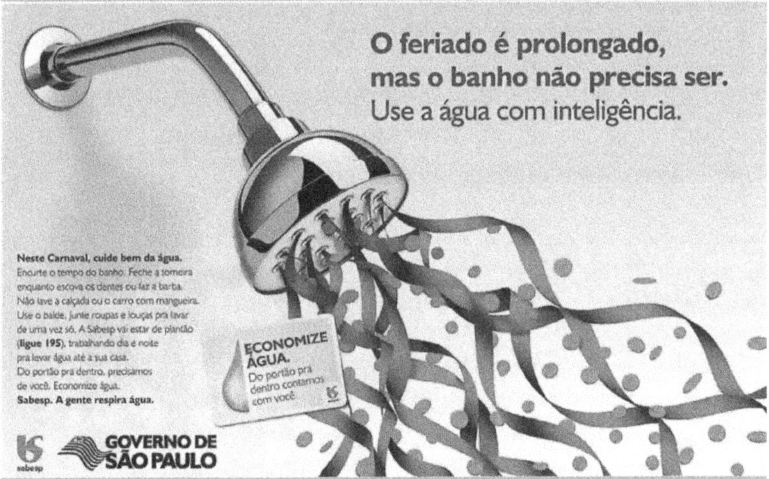

Corpo de texto: "**Neste Carnaval, cuide bem da água**. Encurte o tempo do banho. Feche a torneira enquanto escova os dentes ou faz a barba. Não lave a calçada ou o carro com mangueira. Use o balde. Junte roupas e louças para lavar de uma vez só. A Sabesp vai estar de plantão (**ligue 195**), trabalhando dia e noite pra levar água até a sua casa. Do portão pra dentro, precisamos de você. Economize água".

No anúncio da Figura 3.2, o primeiro parágrafo dialoga com o título – "*O feriado é prolongado, mas o banho não precisa ser. Use a água com inteligência*". A relação título + imagem é eficiente e associa água e carnaval. O corpo de texto é dirigido aos usuários de água tratada (universo amplo de consumidores) e aos objetivos de comunicação (economia de água no período carnavalesco). A linguagem é clara e universal. O assunto, no entanto, é delicado, pois interfere nos hábitos e na cultura arraigada (entre os brasileiros) de que a água é um bem infinito, causando resistência por parte do leitor-alvo.

Os argumentos, racionais, são apresentados didaticamente, a estrutura do texto atrai a atenção, argumenta e convida para a ação, porém o tom de ordem direta (*cuide, encurte, feche, não lave, use, junte, economize*) inibe o necessário envolvimento entre receptor e mensagem que a publicidade tanto almeja, pois esta prefere os estímulos sutis, mais parecidos com sugestões do que com ordens.

O *slogan* do anunciante – "Sabesp, a gente respira água" – explora uma ambiguidade e transmite, ao receptor da mensagem, uma eficiência obsessiva.

3.1.3
O *slogan*

Enquanto o título e o corpo de texto estão diretamente preocupados com o objetivo de comunicação que se quer atingir, ou seja, estão construindo um diálogo com o leitor para que possam apresentar e qualificar o produto ou o serviço oferecido, o *slogan* tem outra função: **representar o anunciante**.

Em outras palavras, o título e o corpo de texto (e, também, as imagens, as cores e a forma artística da peça) devem obediência ao tema, uma vez que estão vinculados a uma estratégia de criação, mas o *slogan* não tem esse comprometimento pontual (o tempo de duração de uma campanha ou ação comunicacional).

Em outras palavras, se o *slogan* representa, verbalmente, o anunciante, sua obrigação não está diretamente relacionada com o objetivo momentâneo, mas com uma relação duradoura entre a marca anunciante e seus consumidores.

> Assim, podemos afirmar que uma peça publicitária impressa apresenta duas áreas: uma real e outra temática. Título + imagem + corpo de texto formam a área temática da peça (comandados pela força criativa do tema publicitário). Já *slogan* + logo do anunciante, que compõem o campo de assinatura da peça, são denominados *área real* da peça e representam a existência material da empresa.

Um *slogan* é feito para durar muitos anos, diferentemente de uma campanha publicitária, que dura, normalmente, alguns meses, ou uma ação localizada, que pode durar poucas semanas ou até menos. Portanto, o *slogan* precisa guardar em si uma informação duradoura que sintetize algo muito importante. E deve durar sem perder o frescor e a força de sua mensagem: "O slogan também unifica todos os anúncios em uma campanha sob o guarda-chuva de uma única afirmação de marca" (Burtenshaw; Mahon; Barfoot, 2010, p. 113).

Características do *slogan*

Percebam, agora, como a aparente simplicidade de um *slogan* (apresenta-se na forma de uma frase) esconde um jogo de palavras extremamente delicado, dadas as múltiplas informações que deve guardar dentro de si.

1) O *slogan* é uma frase (ou até uma palavra) completa em seu significado (frase fechada).
2) Com poder instantâneo, deve ser claro, condensando, em poucas palavras, informação fundamental que sintetize a missão ou o posicionamento da empresa ou órgão institucional. O *slogan* é um oferecimento para a memória dos consumidores, que vai acompanhar a marca em todas as comunicações e repetir-se infinitas vezes.
3) Deve fixar-se na mente do consumidor como uma espécie de sobrenome da marca, facilmente recordável, que resistirá como uma informação permanente na cabeça dos receptores.
4) É parecido com um lema, curto e eufônico (sonoramente agradável).
5) Precisa estar adequado ao segmento de negócio em que atua a empresa. Alguns setores são mais sérios e formais, outros podem dar maior vazão à fantasia. Quanto maior o histórico de relacionamento entre a marca e seus consumidores, maior profundidade ou abstração de significados o *slogan* pode guardar.
6) Um bom *slogan* deve distanciar-se dos *slogans* de seus concorrentes, definindo um estilo próprio de apresentação. Deve-se evitar termos muito comuns, como *tradição*, *tecnologia*, *qualidade*, entre outros.

Algumas poucas marcas conseguem extrapolar seu âmbito de negócios e as características próprias de seu produto e sugerir, por exemplo, a eternidade. Veja no *link*: <https://www.cocacolabrasil.com.br/imprensa/release/sinta-o-sabor-conheca-os-

slogans-da-coca-cola> o histórico de *slogans* de uma marca de refrigerantes.

Perguntas & respostas

Pergunta: Quando mudar o *slogan*?

Resposta: A longevidade é uma qualidade importante para qualquer *slogan*, mas não existe um tempo-limite para a existência de um *slogan*. Apenas a sensibilidade dos publicitários e a visão empresarial do anunciante podem determinar quando um *slogan* não representa mais os compromissos que a marca quer transmitir aos seus consumidores. Uma nova fase nos negócios, um novo posicionamento diante das tendências de consumo, uma oscilação setorial, entre outras muitas variáveis, podem definir a aposentadoria de um *slogan* ou, pelo menos, seu rejuvenescimento.

É certo dizer que as profundas mudanças proporcionadas pelas novas tecnologias, a intercomunicação incessante e as mudanças sociais e comportamentais que afetam nosso tempo exigem das empresas e de suas agências de comunicação um constante monitoramento dos discursos que produzem, incluindo a ação dos *slogans*. Nesse quadro, muitas marcas têm renovado seus *slogans* com uma frequência maior do que de costume, apostando ser essa a melhor forma para fortalecer o diálogo com seus consumidores.

Nesse sentido, deve-se manter ou renovar com frequência? Fique atento aos movimentos do mercado e analise a força dos *slogans*. Será um aprendizado criativo enorme sobre as estratégias discursivas de relacionamento das grandes corporações.

> **Fique atento!**
>
> Em anos recentes, o repertório publicitário acrescentou um novo conceito: a **tagline**, como eram denominadas as mensagens finais no rodapé de um *e-mail*. Absorvida pela publicidade, passou a competir e a se confundir com o *slogan*, pois ambos apresentam as mesmas características: frase curta de efeito e fácil memorização. Seus defensores percebem-na, no entanto, como a tradução da "alma" da marca, ao passo que o *slogan* teria uma função mais "comercial".

Independentemente dos debates acerca das semelhanças e diferenças entre *slogan* e *tagline* (ou, ainda, *strapline*), é importante que você incorpore novos termos e conceitos para atualizar sua compreensão sobre a criação publicitária.

3.2 A adequação da linguagem publicitária aos meios de comunicação impressos

O texto publicitário, como você já entendeu, precisa da persuasão e da criatividade, mas, ao mesmo tempo, necessita de planejamento e apresenta algumas normas fundamentais (estrutura e fluência próprias, linguagem particular) que pautam seu funcionamento.

É certo que os meios de comunicação não apresentam apenas um único formato (imagine a diferença entre um jornal e um painel de rua). Cada qual, com suas características espaciais, oferece potencialidades e determina limitações que os tornam diferentes entre si. Então, pense que, para cada meio, existem diferenças que precisam ser respeitadas. É como um cozinheiro que sabe que, para cada prato do cardápio, há uma fôrma especial, um tempero diferente, um tempo de cozimento ideal.

> O que queremos dizer, em última instância, é que um texto que pode estar muito bem calibrado (síntese, coesão, originalidade etc.) para uma revista, por exemplo, não se encaixará com a mesma eficiência para um *flyer* (panfleto). Então, caro redator, cara redatora, atenção para o(s) meio(s) de comunicação que o pedido de trabalho solicitou, uma vez que isso determinará o tamanho de seu texto, a relação com os outros códigos e a própria forma de dialogar com o leitor.

Na sequência, vamos analisar caso a caso.

3.2.1
Revista

As revistas exercem grande fascínio sobre as pessoas. Sua capa traz as manchetes que, associadas às imagens fotográficas, excitam o desejo pela leitura. Quando temos uma revista ao alcance de nossas mãos, não resistimos (mesmo que o tema geral não nos seja muito atraente). Folheamos as páginas e nosso olhar é conduzido pelos conteúdos (verbais e visuais).

As revistas são periódicas (semanais, quinzenais, mensais, trimestrais etc.) e tratam, geralmente, dos temas mais palpitantes com maior profundidade. Quando o leitor pega uma revista, é isto que quer: uma leitura informativa e abrangente.

Assim, se o leitor dedica mais tempo às revistas, significa que nelas o texto publicitário pode ser **um pouco mais conversador**, pois encontrará um leitor atento. Além disso, sua periodicidade mais longa lhe dá maior permanência, ou seja, uma revista fica à disposição dos leitores, em casa e no trabalho, por mais tempo, o que produz releituras.

Quantas vezes relemos uma mesma revista? Seus anúncios têm, dessa forma, mais chances de fisgar o leitor e cumprir seus objetivos. Ao mesmo tempo, pense que essa longevidade faz com que sua mensagem precise durar mais tempo, então, evite informações muito pontuais (uma referência a algum fato que será esquecido ou perderá relevância em poucos dias, por exemplo).

As revistas tendem a criar em seus leitores mais fiéis um nível de credibilidade alto, que pode favorecer os anúncios ali veiculados. Também são altamente segmentadas: Você acredita que tem revista especializada em... unhas? Ótimo lugar para criar um anúncio sob medida para leitores interessados na beleza das mãos!

Por fim, as revistas apresentam boa ou ótima qualidade de impressão, facilitando a visualização de todos os elementos (cores, formas, letras) que compõem a peça publicitária. Traduzindo para nosso linguajar: temos uma melhor "ancoragem" entre o verbal e o visual.

Exemplo 3.2

Veja no *link*: <http://cargocollective.com/rafu/Nivea-Sun-Blue-Factor> um exemplo de anúncio aplicado ao meio *revista* que explora de maneira eficiente a imagem de uma modelo conhecida emprestando sua fama ao produto anunciado (protetor solar), acompanhada de título humorado que convida o leitor para a melhor escolha com os melhores resultados.

3.2.2
Jornal

Os jornais fazem parte do cotidiano das pessoas. São diários e encontram leitores apressados, que querem saber das notícias do dia, escritas de uma maneira fácil e de forma bem "mastigada".

É claro que os jornais atendem um arco bem amplo de leitores, desde jornais de negócios, de interesse de executivos, até os diários mais populares, passando pelos jornais mais abrangentes que segmentam seus assuntos (economia, política, esportes, cidade, turismo, classificados etc.) em cadernos. Esses cadernos proporcionam aos publicitários uma maneira mais precisa de dialogar com cada perfil de consumo.

Não podemos nos esquecer dos jornais de bairros ou os de categorias profissionais, de clubes e associações, entre tantos outros que falam para públicos bem distintos. Os jornais são muito eficientes para as coberturas locais.

A qualidade gráfica do jornal é inferior, uma vez que o papel--jornal não oferece grande nitidez. Contudo, o menor volume de anúncios (em relação às revistas) proporciona maior visibilidade a cada uma das mensagens publicitárias: "Assim como no caso das revistas, o processo de digitalização dos jornais tem sido constante, com a oferta de versões na internet, tablet e mobile. Este movimento atende à mudança de hábitos de leitura da população" (Sampaio, 2013, p. 97).

O leitor apressado exige da criação publicitária um **anúncio de palavras diretas e conversação enxuta**, além de uma relação fácil com as imagens. O leitor lê o jornal, normalmente, de uma única vez. Só temos, portanto, uma chance, de prender a atenção dele; não a desperdice com textos demasiadamente informativos. Selecione a promessa (às vezes, não é possível dizer tudo o que gostaríamos), transforme-a em um bom argumento e seja conciso para que o leitor não vire a página.

Uma alternativa para os anúncios nos espaços tradicionais dos jornais seria o encarte, que se trata, normalmente, de um catálogo com ofertas promocionais do varejo colocado entre os cadernos que formam a edição do jornal.

A curta duração faz do texto publicitário para jornal um texto perecível, que viverá por pouco tempo. Nesse caso, você pode abusar das questões pontuais – um tema de momento, por exemplo, que está na boca das pessoas e pode ser associado ao seu argumento de vendas.

Alguns jornais distribuídos gratuitamente, inicialmente em estações de transporte público e, depois, nas próprias vias de grandes cidades do mundo inteiro, estão aproximando e renovando as relações dos leitores com as mensagens publicitárias da mídia jornal.

■ Fique atento!

Em síntese, no **jornal**, a criação fica mais concentrada no título e na concisão textual, pois o leitor busca informações rápidas que não comprometam seu tempo escasso. A relação de ancoragem merece cuidados especiais e a mensagem pode ser pontual.

Na **revista**, a criação explora com mais conforto cores e formas, tem ótima relação de ancoragem, os textos podem ser mais informativos e a mensagem, longeva.

Aqui cabe uma observação: aos finais de semana, o jornal encontra um leitor menos acelerado e, portanto, mais propenso aos diálogos propostos pela publicidade. Nessa situação, o texto para jornal aproxima-se um pouco mais do texto para revista.

■ Exemplo 3.3

Observe, no *link*: <http://tfmoralles.blogspot.com/2007/12/resultado-11-prmio-da-propaganda-2007.html>, um anúncio de jornal com um formato original que atrai a visão do leitor. Note que as cordas do atleta se estendem até ao alto das páginas, como que rompendo o formato do anúncio e proporcionando espaço nobre ao título.

3.2.3
Meios exteriores

As ruas estão cada vez mais cheias de gente circulando em todas as direções, apressadas, imersas em seus pensamentos, mas, ao mesmo tempo, relacionando-se com os cenários da cidade. Aquela imagem antiga, do tempo dos avós, em que as pessoas transitavam sossegadamente pelas ruas e praças e até voltavam para casa na hora do almoço, tiravam um cochilo e, depois, retornavam ao trabalho, está cada vez mais distante. Hoje, o comum é sair cedo e voltar somente à noite. Essa mudança afetou não somente os hábitos e as rotinas de muitos de nós, mas também nos deixou mais tempo em interação com a arquitetura da cidade. E aí está, possivelmente, a melhor explicação para a ascensão dos meios exteriores, também chamados de *publicidade ao ar livre* ou, mais recentemente, de **mídia OOH (*out of home*)**.

Essa mídia, que disputa espaço com os pedestres e com os veículos, mudando a paisagem, passa a ter enorme importância para a eficiência publicitária, pois comunica, incessantemente, para milhões de pessoas que passam longas horas de seus dias circulando pelas ruas, os oferecimentos dos produtos e serviços da publicidade. Mesmo à noite, nas cidades que não dormem, essa mídia (em seus diferentes formatos) não deixa de funcionar e de tornar algo memorizável na mente dos consumidores.

Pedestres, passageiros de ônibus e vans e motoristas dos carros passam apressados, razão por que **a mídia exterior deve ser rápida**, e o criativo publicitário precisa ter clara essa questão.

Perguntas & respostas

Pergunta: De quantos segundos dispõe o passante para olhar uma placa de rua?

Resposta: Pouquíssimo tempo, três ou quatro segundos, no máximo, exceto em áreas de trânsito muito lento. Quando o semáforo fecha, também ganhamos mais alguns segundos, por isso a disputa entre as agências pelos melhores pontos de exibição das cidades. De todo modo, deve ser uma mensagem breve (desejável que não ultrapasse 12 palavras), pensada para ser assimilada em um olhar!

Então, como você já concluiu, os meios exteriores não chegam a propor uma conversa com o receptor da mensagem – como faz a revista e, em certa medida, o jornal –, mas tentam fixar um lembrete, uma informação que caiba na memória do leitor. Essa memória residual – que precisa de eficientíssima ancoragem palavra + imagem –, importante para a fixação de uma mensagem, será complementada por mensagens mais plenas de conteúdo, oriundas de outras mídias, que oferecem espaços mais significativos ao diálogo (revista, fôlder, televisão, rádio, *sites* dos anunciantes etc.). Por essa razão, diz-se que os meios exteriores (OOH) são mídias de apoio, auxiliares aos esforços de uma campanha publicitária.

Uma grande vantagem desse grupo gráfico está em suas dimensões, normalmente grandiosas (como *outdoors* e infláveis) ou, ao menos, em dimensão humana (como os mobiliários urbanos dos pontos de ônibus). Atuam por meio do impacto, pois nossos olhos não conseguem escapar a eles, e também pela repetição, pois a mensagem espalha-se por diferentes pontos da cidade durante muitos dias, semanas ou até meses (conforme os contratos de veiculação). "Além da possibilidade do uso de qualquer combinação de cores e formas, seja por ilustração ou fotografia (devido a um processo de impressão denominado gigantografia, que mantém a nitidez das formas a distância), este meio oferece, como alternativa, a veiculação de objetos tridimensionais" (Sampaio, 2013, p. 99).

Fique atento!

O texto curto dos meios exteriores (uma ou duas frases) não pode ser confundido com o título publicitário, que quase sempre terá continuidade no corpo de texto. Também não pode ser chamado de *slogan*, que representa o anunciante e assina a mensagem. Então, podemos chamá-lo de *frase*, e sua função é produzir uma informação memorizável, que se conectará, mais tarde, a outras informações do conjunto discursivo (campanha publicitária).

Entre as possibilidades para a mídia OOH, as mais tradicionais são:

- cartaz;
- *outdoor*;
- painéis de estrada;
- luminosos de neon.

Exemplo 3.4

No *link*: <https://somuchmidia.wordpress.com/2012/04/11/evolucao-historica-das-midias-externas/>, temos o exemplo de uma mídia OOH, cuja afirmação e formato inteligentes atraem o olhar dos passantes com a frase "Diminuímos a papelada do seguro", do anunciante Itaú Seguros.

Observe que a estrutura, que não explora toda a dimensão do *outdoor*, confirma e fixa a ideia de "diminuição", presente no texto.

Os novos formatos e os avanços, que podem incluir tecnologias eletrônicas ou digitais e, também, formatos *indoor*, são:

- *back light*;
- *front light*;
- *midia board*;
- mub (mobiliário urbano);
- adesivagem;
- *banner*/empena;
- infláveis;
- totens e giratórios;
- projeções.

Você deve sempre pesquisar novos formatos, porque essa é uma área que não para de apresentar novidades.

Exemplo 3.5

Por exemplo, o anúncio que aparece no *link*: <http://comunicadores.info/2016/06/14/30-acoes-criativas-usando-elevadores-como-midia/> mostra uma adesivagem de elevador que recorda a icônica transformação do jornalista em super-herói (divulgação do filme *Superman*).

3.2.4
Fôlder e congêneres

Dos grupos impressos, será aquela mídia com a intenção mais clara de **individualizar a conversa**. Além disso, são materiais pensados para o fácil manuseio e que podem ser "guardados" pelo leitor. São peças de combate, pois procuram os espaços com grande fluxo de pessoas (públicos e privados), distribuídos de forma dirigida para leitores com perfis específicos – isso quando a abordagem é adequada por promotores treinados para identificar o perfil-alvo, apresentar o produto e estar apto a eliminar dúvidas do receptor.

Dividem-se em:

- panfletos, ou *flyers* (uma face, sem dobra);
- folhetos (uma dobra);
- fôlderes (mais de uma dobra).

Além disso, temos os catálogos, bastante utilizados em vendas diretas, como os usados pela indústria de cosméticos, e os encartes, comuns em jornais e utilizados fortemente pelo varejo.

Curiosidade

O varejo constitui uma importante força entre os anunciantes da indústria publicitária brasileira: Casas Bahia, Magazine Luiza, Ponto Frio, Wal-Mart, Carrefour, entre tantos outros exemplos (incluindo o varejo local). Essas empresas investem anualmente, no conjunto, bilhões de reais em comunicações pontuais (promoções com prazo de validade) que atingem consumidores de todas as regiões, ativando o fluxo de produtos e serviços. Os anúncios do varejo, normalmente, não se destacam pela criatividade textual e beleza estética, no entanto funcionam pelas irresistíveis motivações econômicas. Quem resiste ao produto dos sonhos em até 24 vezes?

Com relação ao texto publicitário desses meios impressos, vários aspectos precisam ser observados:

1) O espaço amplo para conversação (capa, verso, faces internas) proporciona oportunidade única de aprofundamento de determinadas informações (histórico da marca, qualidades do produto e serviços) e oferecimento de canais de relacionamento e fidelização. Portanto, os textos podem apresentar **volume mais significativo**, ainda que sintéticos, sempre, ou seja, sem informações desnecessárias ou repetições.

2) Temos, nesse caso, um leitor que se percebeu incluído ao receber o material e, portanto, mais disposto à mensagem. O **convite à interação** (título na capa que desperte curiosidade, fácil manuseio etc.) proporciona melhor ambiente de diálogo e mais disposição para a leitura.

3) A sensação de individualização cria condições favoráveis para uma conversa mais informal e leve, como duas pessoas que se conhecem. Então, aproxime-se do leitor e **dialogue de forma direta**, mas tenha bom senso: cuidado para não ultrapassar limites de intimidade ou privacidade.

4) Quanto maior o texto, maiores os riscos de desistência, pois o leitor, infelizmente, tem preguiça diante de textos mais extensos. Então, crie **blocos de textos** com subtítulos que facilitem o encontro do leitor com os assuntos de seu interesse. A relação das palavras com os recursos estéticos é fundamental não apenas para ampliar o conjunto das informações, mas também para tornar a leitura mais agradável. Por essa razão, discuta com o diretor de arte formas de alternância entre palavra e imagem que suavizem a recepção da mensagem.

Fique atento!

Roberto Menna Barreto (2008, p. 235) é taxativo na defesa dos textos publicitários grandes: "A grande desvantagem de um texto grande sobre um pequeno é, em princípio, uma só: ele exige, imprescindivelmente, um grande redator para levá-lo a cabo". Diante disso, caro colega, só temos algo a fazer: escrever e escrever, até que, lá na frente, possamos fazer parte do time dos grandes redatores da publicidade brasileira.

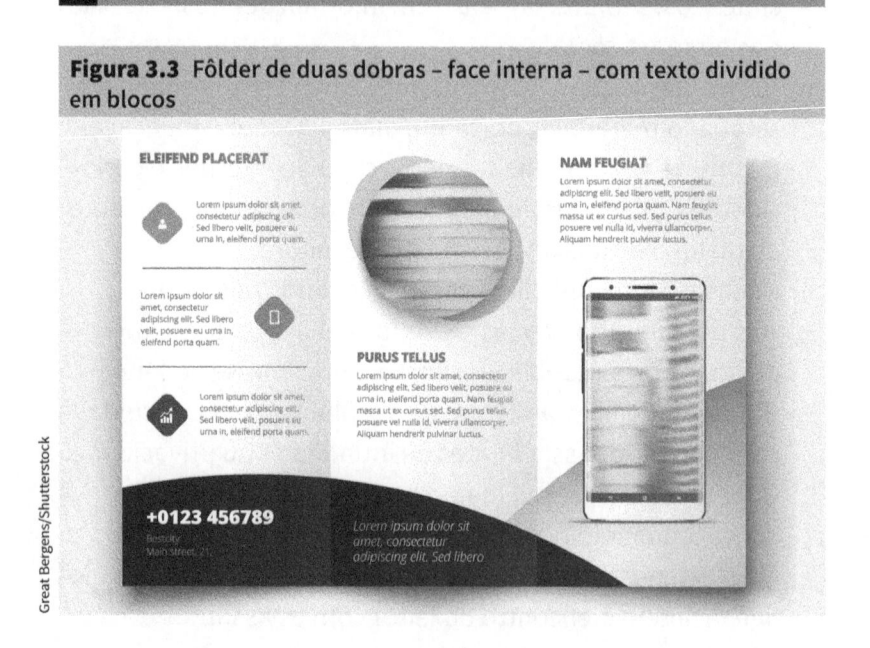

Figura 3.3 Fôlder de duas dobras – face interna – com texto dividido em blocos

Great Bergens/Shutterstock

Os fôlderes e congêneres aceitam recursos gráficos ousados (cortes diferenciados que atraem a atenção do leitor) e podem colaborar com a eficiência do texto.

> **Fique atento!**
>
> As cartas comerciais (ou mesmo um fôlder) quando endereçados em nome do destinatário, passam a se chamar *mala direta*.

3.3
O processo de ancoragem

A palavra publicitária, você já notou, quase nunca está desacompanhada. Alguns parceiros fundamentais vão associar-se aos textos publicitários para colaborar com os significados e, também, para tornar a peça esteticamente mais agradável. A imagem, as cores, os sons, o movimento são exemplos de códigos comunicacionais que estarão (quase) sempre reunidos à palavra. No nosso caso – mensagens publicitárias para os meios impressos –, além das palavras, há a imagem estática das fotografias e ilustrações, as cores e, em menor número, os aromas.

> **Fique atento!**
>
> Quando uma peça publicitária apresenta-se na forma de texto, sem qualquer outro código acessório ou verbalmente ultrapassando as relações de igualdade entre os códigos, chamamos de peça *alltype*.

A peça "Outdoor. Sem querer você já leu", foi criada por Nizan Guanaes e Roberto Cipolla para o anunciante Central de Outdoor (consultar no *link*: <https://www.clubedecriacao.com.br/pecas/outdoor-sem-querer-voce-ja-leu-4/>) e resume, criativamente, aquela que é a maior força dos meios exteriores: sua enorme presença, inescapável aos olhos.

Retomando a relação palavra/imagem, queremos dizer que, mesmo que nossa responsabilidade principal, como redatores, seja a redação dos textos, não há como fugir de uma realidade: os textos devem "negociar" com os outros códigos (especialmente imagens e cores) para encontrar a melhor harmonia e eficiência da mensagem com seu público-alvo.

É claro que temos ao nosso lado um diretor de arte que vai propor soluções estéticas colaborativas à palavra; contudo, não podemos nos esquecer de que essa relação palavra/imagem precisa estar sempre entre nossas ocupações.

A essa relação, o semiólogo francês Roland Barthes (citado por Vestergaard; Schroder, 2000, p. 31) chamou de **processo de ancoragem**:

> O texto proporciona o elo entre a imagem e a situação espacial e temporal que os meios puramente visuais de expressão não permitem estabelecer. Ao mesmo tempo, o texto também seleciona uma entre várias interpretações possíveis da imagem, razão pela qual se pode dizer que, enquanto uma imagem em si mesma é sempre neutra, se tiver título ou legenda nunca o será.

Vamos explicar essa questão.

Uma imagem isolada é "neutra", ou seja, pode significar muitas coisas, uma vez que cada observador, de acordo com suas experiências, fará uma interpretação particular dela. Convenhamos que não é de nosso interesse que cada leitor tire suas próprias conclusões sobre a mensagem. Aí entra a palavra e seu poder de fixar significados, pois ela "seleciona" a interpretação desejada. A palavra "ancora" a imagem, oferecendo estabilidade para a mensagem.

Você provavelmente já esteve na seguinte situação: olhou para um anúncio e, simplesmente, não entendeu a relação entre o título e a imagem principal, certo? Bem, se isso aconteceu com você, provavelmente também ocorreu com outras centenas ou milhares de leitores, que ficaram confusos diante da mensagem e desistiram, viraram a página.

Então, vamos considerar as seguintes hipóteses:

1) Palavra e imagem não podem se repetir (produzindo redundância).
2) Palavra e imagem não podem se distanciar (resultando em desconexão).
3) **Palavra + imagem = harmonia** (significado ampliado).

Exemplo 3.6

Observe, por exemplo, o anúncio que consta no seguinte *link*: <http://www.portugues.seed.pr.gov.br/modules/galeria/uploads/1/6carro.jpg>. Nesse anúncio, a relação de ancoragem entre o título – "*Só mesmo o Ecosport para trilhar um caminho desses*" – e a imagem principal (cardiograma estilizado dos batimentos cardíacos) destaca a relação de amor entre o automóvel e os brasileiros.

Fique atento!

Tome cuidado para que sua relação palavra *versus* imagem não caia em redundância, porque você pode fazer o leitor perder tempo com uma informação que já está clara. Atente também para a desconexão, pois o leitor não vai ficar "buscando o contexto" diante de seu anúncio até entender a mensagem.

Ancoragem, portanto, deve significar harmonia em uma relação que potencialize as duas forças (palavra + imagem), tornando-as plenas de significado; então, "surge uma terceira ideia, mais poderosa que uma e outra separadamente" (Figueiredo, 2014, p. 18).

Em outras palavras: é um casamento que precisa dar certo!

Porém, não se esqueça de que, se por um lado falta precisão a uma imagem, por outro ela tem uma capacidade de comunicar extraordinária. Sem as imagens, a necessária síntese de que todo texto publicitário precisa ficaria comprometida.

3.4
A histórica análise de Barthes

A publicidade cresceu rapidamente ao longo da primeira metade do século XX em razão da evolução dos meios de impressão e, ainda, das invenções: primeiro do rádio e, depois, da televisão – dois meios revolucionários que potencializaram o alcance das mensagens publicitárias, tornando-a cada vez mais presente nos lares de milhões de pessoas no mundo todo. Os jornais e as revistas com estruturas de impressão e distribuição mais eficientes também fizeram aumentar o universo de leitores ávidos pelas notícias dos mais variados gêneros, que passaram, então, a conviver com as sedutoras imagens e palavras da publicidade.

A publicidade consolida-se como indústria, e suas mensagens encontram maneiras criativas de dialogar com os públicos, tornando o período pós-guerra (1945) o momento de consolidação daquilo que podemos chamar de *publicidade contemporânea* em seus conceitos, suas formas e seus conteúdos.

Contudo, para muita gente, incluindo a intelectualidade acadêmica, a mensagem publicitária não passava de um subgênero comunicacional que tentava apenas vender produtos utilizando estratégias banais de conversação.

Essa percepção começou a mudar quando, nos primeiros anos da década de 1960, Barthes escolheu um anúncio publicitário (massas *Panzani*, ver *link*: <http://entrelinhas-moda ecomunicao.blogspot.com/2009/04/retorica-da-imagem.html>) para compreender, com base nas imagens publicitárias e em sua relação com os registros verbais, os possíveis significados ocultos dessa técnica de vendas. Barthes identificou referências culturais e representações sociais muito mais complexas do que o simples oferecimento de um produto para o público, mas que (as mensagens publicitárias) estimulam outras percepções e alcançam outros níveis de significado.

Barthes, em um artigo intitulado "A retórica da imagem", de 1964, elaborou um método que observava não apenas o nível denotativo (que está na superfície da peça), mas também o nível conotativo (um sentido segundo, que o leitor interpreta com base em seus aprendizados anteriores): "Vejamos uma publicidade Panzani: pacotes de massa, uma caixa, um pequeno saco, tomates, cebolas, pimentões, um cogumelo, saindo tudo isto de um saco de rede meio aberto, em cores amarelas e verdes num fundo vermelho. Tentemos 'espremer' as diferentes mensagens que ela pode conter" (Barthes, 2009, p. 28).

Barthes concluiu que existe, na publicidade, uma linguagem simbólica ligada a um saber preexistente. Para além da superfície, a mensagem publicitária envia informações implícitas que podem ser compreendidas de forma coletiva (aprendizados que todos recebemos da cultura local). É, ainda, planejada para ser compreendida rapidamente pelo maior número de pessoas. O autor finaliza afirmando que, se as representações (a forma como a mensagem publicitária se manifesta) são compreendidas, é porque existe um saber sociocultural partilhado entre o anunciante e o leitor (emissor e receptor) que produz sentido.

Para saber mais

Os estudos pioneiros de Roland Barthes e de outros intelectuais, como Umberto Eco, Jacques Durand e Georges Péninou, abriram caminho para um grande número de pesquisas mundo afora, relacionadas aos significados da mensagem publicitária, e colocaram a publicidade em seu devido lugar: como uma forma de comunicação intensamente ligada ao cotidiano das pessoas de uma forma criativa, sedutora, inteligente. Consulte as seguintes obras para aprofundar seus conhecimentos:

DURAND, J. Rhétorique et image publicitaire. In: **Communications**, Paris, n. 15, p. 70-95, 1970.

ECO, U. **La struttura assente**: la ricerca semiotica e il metodo strutturale. Milano: Bompiani, 1968.

ECO, U. **A estrutura ausente**: introdução à pesquisa semiológica. Tradução de Pérola de Carvalho. São Paulo: Perspectiva, 1971.

PÉNINOU, G. **Intelligence de la publicité**: étude sémiotique. Paris: R. Laffont, 1972.

Síntese

Neste capítulo, evidenciamos que o texto publicitário é uma reunião de vários códigos, sendo dois fundamentais: a palavra e a imagem. Também destacamos que o texto é, normalmente, composto por título, corpo do texto e *slogan*. Além disso, o texto publicitário produz sentido para além da venda, ou seja, a mensagem publicitária contém significados socioculturais complexos. Por fim, analisamos o processo de ancoragem, que explica a relação da palavra com a imagem.

Questões para revisão

1) (Enade, Publicidade e Propaganda, 2012)

> Para ser doador de órgãos,
>
> você só precisa de um:
>
> o coração.

Considerando a figura apresentada acima, avalie as seguintes asserções e a relação proposta entre elas.

I) Essa mensagem publicitária deve ser considerada adequada e criativa quanto ao recurso utilizado.

PORQUE

II) Na publicidade, a ambiguidade é bem-vinda como recurso retórico.

A respeito dessas asserções, assinale a opção correta:

a) As asserções I e II são proposições verdadeiras, e a II é uma justificativa da I.
b) As asserções I e II são proposições verdadeiras, mas a II não é uma justificativa da I.

c) A asserção I é uma proposição verdadeira, e a II é uma proposição falsa.
d) A asserção I é uma proposição falsa, e a II é uma proposição verdadeira.
e) As asserções I e II são proposições falsas

2) Sobre os elementos verbais de uma peça publicitária impressa (título, corpo de texto e *slogan*), assinale a opção **incorreta**:
   a) Um bom título deve despertar a curiosidade do leitor para que este prossiga envolvido com a mensagem.
   b) O *slogan* é um lema que deve se fixar na memória do consumidor.
   c) O título é uma frase terminativa e constitui a representação verbal do anunciante.
   d) O primeiro parágrafo do corpo de texto deve dar prosseguimento à linha de raciocínio iniciada no título.
   e) O corpo de texto é o espaço ideal para a conversação que se pretende estabelecer entre a mensagem e seu público-alvo.

3) Conhecer as qualidades e as limitações e tirar o máximo proveito do potencial de cada um dos meios de comunicação é uma qualidade importante do redator publicitário. Sobre essa questão, avalie as características expostas nos itens a seguir.
   I) Os textos precisam ser pontuais, pois a circulação é diária.
   II) O receptor, normalmente, está em movimento, e sua mensagem tende a ser curta, simples e direta.
   III) A segmentação bastante evoluída convida para uma comunicação "sob medida" com o público-alvo.
   IV) Seus textos buscam individualizar a conversa.

Agora, associe cada característica ao meio de comunicação correspondente e assinale a alternativa em que constam na ordem correta:

a) Jornal, fôlder, *outdoor*, revista.
b) Revista, *outdoor*, jornal, fôlder.
c) Jornal, *outdoor*, revista, fôlder.
d) Fôlder, revista, *outdoor*, jornal.
e) *Outdoor*, jornal, revista, fôlder

4) A campanha popular "O petróleo é nosso" mobilizou o Brasil do final da década de 1940. Concebida inicialmente pelo escritor Monteiro Lobato, ganhou as ruas ao estimular os sentimentos nacionalistas dos brasileiros. Em 1953, depois de intensos debates no Congresso, surgiu a Petrobras.

Sobre a frase "O petróleo é nosso", que sintetizou todo o espírito do movimento, é possível afirmar, sob a ótica publicitária:

a) Assemelha-se a um título publicitário, pois depende de um corpo de texto posterior.
b) Funciona como um lema com poder instantâneo e, portanto, cumpre a função de *slogan*.
c) A frase abre mão do argumento racional para explorar exclusivamente as emoções.
d) É uma frase isolada que só ganha significado quando acompanhada de uma imagem.
e) Nenhuma das alternativas anteriores está correta.

5) Dentre os muitos *slogans* da publicidade brasileira atual, escolha um que mais o(a) agrada e outro que não o(a) satisfaça. Justifique a sua posição utilizando as seis características do *slogan* listadas neste capítulo.

Mãos à obra

Neste capítulo, você começou a prestar atenção à estrutura da peça gráfica. Agora, você vai identificar os elementos e as características na prática. Não esqueça que todo exercício de análise deve ser crítico (positiva e negativamente)

1) Selecione um anúncio de revista (evite peças muito sintéticas, prefira aquelas com mais conteúdo verbal, mais interessantes para a análise).
    a) Descreva a peça: formato, elementos visuais, registros verbais de título, corpo e *slogan*. Tente encontrar referências culturais presentes na peça (por exemplo: os modelos estão abraçados sugerindo amizade e o texto reforça a ideia de compartilhar).
    b) Analise a coerência da relação de ancoragem (título + imagem principal), sempre do ponto de vista do leitor.
    c) Interprete se o *slogan* consegue transmitir um valor duradouro do anunciante e adaptado ao nosso tempo. Sugira um novo *slogan*.

2) Bem, agora que você já "destrinchou" a peça, é hora de refazê-la textualmente. Selecione as informações que considera úteis (uma delas será sua promessa básica) e crie um novo título que convide à leitura e se associe à imagem do próprio anúncio (sim, você vai aproveitar a arte que já existe e aplicar seu texto lá). Depois, construa um corpo de texto sintético, claro, adequado ao público e persuasivo em seus argumentos (aliás, qual é o público-alvo?). Utilize o *slogan* que você criou (no campo de assinatura).

4
O processo de criação na publicidade

Conteúdos do capítulo

- Estratégia criativa.
- Conceito e tema publicitário.
- Formatos de abordagem.

Após o estudo deste capítulo, você será capaz de:

1. reconhecer a importância da formação do conceito publicitário;
2. compreender o que é o tema publicitário;
3. explicar a importância da chamada *promessa básica* em publicidade;
4. explorar os formatos de abordagem para a criação publicitária;
5. entender a necessidade de definição do tom da mensagem.

Nota do autor

Em nome da clareza que toda obra de caráter didático-pedagógico exige, faremos aqui um esclarecimento com o objetivo de separar e organizar os diferentes termos que circulam pelo repertório da criação publicitária.

Essa ordem permitirá que caminhemos com segurança das questões mais gerais (formatos) para as mais específicas (apelos), pelas questões de ordem psicológica (apelos e processo AIDA) e pelas decisões textuais (gêneros). Outros tópicos, como o tom da mensagem e as relações de ancoragem, também vão permear as discussões, mas sempre tentando manter uma organização lógica ao processo criativo de trabalho.

Pela ordem sequencial:

1) linhas criativas ou formatos de abordagem (Capítulo 4);
2) apelos básicos (Capítulo 5);
3) ação psicológica do percurso AIDA (Capítulo 5);
4) gêneros de textos (Capítulo 5).

Ultrapassados os capítulos iniciais – os quais afirmam que o ato de comunicar fundamenta toda a conversação publicitária; que o texto publicitário apresenta, em razão de seus objetivos persuasivos, características que tornam seu discurso único, harmonizando códigos não verbais e verbais; e, ainda, que sua estrutura é intencionalmente planejada para encantar e convencer, adaptando-se aos diferentes espaços oferecidos pelos meios impressos –, cabe-nos, neste ponto, refletir e entender os caminhos da criação publicitária, que, atentos aos objetivos e aos perfis de público e do mercado-alvo, vão buscar soluções criativas e, ao mesmo tempo, eficientes, na forma de uma ou várias peças publicitárias, além de outras ações que se façam necessárias.

As peças publicitárias podem ser divididas em *peças de mídia* (veiculadas nos espaços oferecidos pelos meios de comunicação) e de *não mídia* (expostas em locais estratégicos de passagem do público-alvo: banheiros de uma casa noturna badalada, por exemplo).

Fique atento!

Além das peças, a comunicação publicitária contemporânea utiliza outras estratégias para conversar com seus públicos, as quais podem ser denominadas, genericamente, de *ações publicitárias* ou *ações comunicacionais*. São eventos e *performances* que utilizam espaços públicos para gerar identificação entre a marca e seus consumidores, promovendo experiências e estimulando sensações que não seriam possíveis de ser transmitidas em uma peça. Além disso, utilizam as redes sociais para ampliar o alcance e a participação. O Dia do Beijo, por exemplo, celebrado em 13 de abril, tem sido uma grande oportunidade para diferentes marcas, como Close-up, Listerine, O Boticário e Quem disse, Berenice, aproximarem seus produtos dos consumidores.

Já sabemos que o processo de criação publicitária não é um acontecimento isolado em relação ao conjunto de obrigações de uma agência publicitária, que abrange: atender ao cliente, coletar e organizar dados, elaborar um planejamento de comunicação e um plano de mídia, criar, acompanhar a produção dos materiais e a veiculação das mensagens, medir os resultados e propor as ações futuras, sempre com a aprovação do anunciante em todas as etapas de trabalho.

Temos consciência, também, de que a criatividade não tem poderes mágicos para solucionar todas as dificuldades "apenas" com uma grande ideia: "Na criação publicitária não existe milagre nem magia. A qualidade de seu trabalho será diretamente proporcional a seu esforço em obter informação e a sua habilidade em combinar dados" (Vieira, 2003, p. 19). É um trabalho em equipe, em que todos os departamentos devem cumprir eficientemente seu papel.

Vamos focalizar nossa atenção na fase criativa – posterior à elaboração do *briefing* e do planejamento e paralela ao planejamento de mídia –, desde o momento inicial, que produz algumas primeiras hipóteses, até o desenvolvimento e a finalização de um produto criativo, ou seja, de uma ou várias peças e ações (campanha publicitária).

Antes, porém, é importante fazer uma observação: muitas expressões relacionadas ao processo de criação publicitária povoam as conversas entre profissionais da propaganda – as linhas criativas, os apelos, o *approach*, a abordagem. Todas são autênticas em suas dimensões, contudo, podem produzir alguma confusão, pois acabam misturando tópicos que não são, necessariamente, idênticos.

São também muitas as listas de linhas e apelos (e você deve ler todos com muita atenção sempre que se deparar com uma delas) que relacionam formas de tratamento da criação publicitária.

4.1
A formação do conceito

O processo de criação inicia-se, efetivamente, com o pedido de criação (também chamado de *briefing* de criação), documento que apresenta e analisa resumidamente as informações anteriormente coletadas (*briefing*) e define o que deve ser dito. Segundo Hoff e Gabrielli (2004, p. 19, grifo do original): "Nele, a dupla de criação encontra **o que dizer**", buscando, a partir daí, a ideia criativa que as autoras denominam *"**como dizer**"*. Mais tarde, completam afirmando que a criação não é, ao contrário do que muitos pensam, um ato de plena liberdade, pois "o que dizer, para quem dizer e onde dizer já estão previamente definidos nos objetivos de comunicação" (Hoff; Gabrielli, 2004, p. 57).

> **Dica**
>
> Essa transição entre a "fria" capacidade analítica do planejamento e o "calor" da ideia com força criativa será fundamental para o êxito da mensagem publicitária, que, com originalidade, produzirá mais impacto no leitor.

Vamos explicar um pouco mais essa transição, começando por uma expressão fundamental aos criativos. Você já deve ter lido em artigos especializados ou ouvido em conversas sobre a criação publicitária de um termo, uma expressão que parece ser bastante importante: ***conceito***.

Sim, ele é importantíssimo, pois o conceito é, simplesmente, a informação fundamental que vai orientar toda a criação publicitária.

Pense que você navega por águas desconhecidas sem um equipamento de orientação, sem o qual, provavelmente, você se perderá em um infinito oceano. Navegará em círculos, desperdiçará tempo e, talvez, até venha a naufragar.

O criador publicitário também corre riscos em suas aventuras criativas. Sem orientação, ficará perdido em um mar de possibilidades que não se concretizam. O criativo também precisa desse "GPS" que defina um rumo, que lhe dê uma segurança mínima de que está em um bom caminho e que pode chegar em um novo e belo lugar.

O conceito é, pois, **o posicionamento que a mensagem adotará**. Uma ideia com força suficiente para mover um anúncio ou uma campanha inteira. "O conceito criativo nada mais é que o posicionamento expresso sob a forma de texto, é o carro-chefe da criação" (Públio, 2008, p. 179).

Perguntas & respostas

Pergunta: Como construímos um conceito?

Resposta: Consciente do problema e dos objetivos de comunicação, você vai reunir e organizar os dados que considera mais pertinentes, dando-lhes uma hierarquia de importância e uma lógica de orientação, de forma que você saiba quais são suas armas e qual é o destino, ou seja, qual é o posicionamento que você vai adotar para sua mensagem.

4.2
A estratégia criativa

Já sabemos que as ideias ganham muito mais eficiência quando sustentadas por um planejamento, uma estratégia, de forma a nos dar mais confiança pelas expectativas que um bom conceito oferece. Além disso, essas decisões iniciais nos fazem ganhar tempo (e os prazos são sagrados no mundo da publicidade!).

É interessante o formato de estratégia criativa proposto pelas autoras Hoff e Gabrielli (2004), adaptado de Roberto Correa no livro *Planejamento de propaganda* (2002), que sugere seis itens para a base informacional do trabalho da criação. São eles:

1) promessa básica;
2) justificativa da promessa;
3) promessa secundária;
4) apelos visuais;
5) orientação para a criação;
6) imagem desejada.

Você vai conhecer cada um desses itens a partir de agora.

4.2.1
Promessa básica

Você já entendeu que o mundo argumentador e persuasivo da publicidade constitui-se de um mundo de promessas (que vão tentar satisfazer o consumidor). O discurso publicitário é, então, um discurso de promessas, e entre as várias afirmações que podemos fazer ao consumidor, uma delas (lembra do argumento principal?) deve ser selecionada, segundo o entendimento dos criadores, como **a mais forte promessa** (para aquele grupo de consumidores denominados de *público-alvo*), constituindo-se a promessa básica.

Fique atento!

Mas, atenção! Não podemos prometer qualquer coisa em qualquer contexto, essa promessa deve ser verificável, racional ou emocionalmente, pelo leitor. Precisa criar, na mente do consumidor, um efeito de verdade. Deve ser, por esse motivo, justificável. Ao utilizar um apelo emocional, certifique-se de que este possa produzir satisfação ao consumidor.

A comunicação da Volvo, por exemplo, há muito tempo defende, em suas mensagens, a promessa de "segurança", inegavelmente um item importante na decisão de compra.

Essa afirmação básica deve procurar o que o produto tem de diferente, e sua promessa precisa parecer plausível ao consumidor daquele produto.

Fique atento!

A promessa básica deve ser clara e única. Além do poder de convencimento, essa promessa precisa gerar recordação sempre que o consumidor estiver exposto à marca.

4.2.2 Justificativa da promessa (*reason-why*)

Uma promessa só será forte, integralmente, se pudermos explicar claramente para as pessoas a razão dela. E quanto mais compreensível e assimilável ela for, mais subsídios estaremos oferecendo ao redator para que dialogue com o leitor, ciente da qualidade de sua informação. Para Públio (2008, p. 178), é "importante notar que a justificativa não justifica a campanha [...] ao contrário, a justificativa é o argumento que convence que a afirmação básica é adequada".

O exemplo de promessa da Volvo (segurança) é plenamente justificável, pois os acidentes fazem parte dos receios de grande parte dos motoristas no mundo todo, que desejam para si e para seus familiares uma sensação de proteção, fundamentada em tecnologias testadas e aprovadas.

O anunciante, complementarmente, ainda atrai para si uma imagem de responsabilidade social bastante saudável para a marca.

Importante

Não importa se a promessa é racional, técnica ou emocional, ela deve ser defendida como a nossa informação mais importante.

4.2.3
Promessa secundária

A promessa principal é, sem dúvida, o diferencial de qualidade que o anúncio pode afirmar, mas será sempre importante listarmos mais um ou alguns atributos complementares (os argumentos secundários, lembra?), que vão servir de reforço para a informação principal. "Nesse item coloque tudo aquilo que você considera importante que o seu público-alvo conheça sobre o produto, ou serviço, ou marca" (Públio, 2008, p. 178).

Hierarquizadas dessa forma, as promessas serão, cada uma a seu tempo, apresentadas pelo redator aos seus leitores. A promessa principal e, ao seu redor, as qualidades secundárias – esta é, sem dúvida, uma boa organização redacional para a persuasão do público-alvo.

Exemplo 4.1

Veja o exemplo que aparece no seguinte *link*: <http://thcab.blogspot.com/2011/07/anuncio-volvo-xc60-eurobike.html>. Nesse anúncio (anunciante Volvo), podemos verificar que, além da segurança, a comunicação informa outros atributos que também podem ser importantes ao convencimento.
O título da peça diz: "**De 0 a 100km/h em 8 segundos. De 30 a 0 km/h sem nem pisar no freio**". Já o corpo de texto cita outros quatro itens: dois relacionados à promessa principal de segurança (sistema de freios e estabilidade/tração) e duas promessas secundárias (potência do motor e sistema de áudio).

Fique atento!

Consideramos esses três primeiros itens (promessa básica, justificativa da promessa e promessa secundária) como os principais para a definição do discurso, pois consolidam a linha conceitual e preparam o redator para a síntese criativa: o tema publicitário.

4.2.4
Apelos visuais

Nem sempre especificados, os apelos visuais podem apresentar referenciais de imagem importantes para a dupla de criação. A necessidade de se fixar, por exemplo, a ideia (via imagem) de um carro familiar ou do predomínio das cores frias que estabelecem uma visão futurista justificam esse nível de informações.

O código visual, indiscutivelmente, apresenta-se como a companhia ideal para a potencialização do significado da palavra, e sua correta aplicação tornará o texto mais claro e eficiente.

4.2.5
Orientação para a criação

Contempla o item anterior, mas vai além, pois não especifica apenas a imagem, abrange também todas as informações imprescindíveis para a construção do percurso criativo (e, ainda, aquelas que não são convenientes dizer ao leitor). Direciona os criativos sobre a pertinência de se destacar a ideia de potência do motor sem, no entanto, conflitar com a promessa de segurança (exemplo Volvo); mostrar ou não as opções de cores ou a dimensão do porta-malas; indicar o preço final sugerido ou reduzir sua importância diante das qualidades do produto.

Ainda sobre esse item, Hoff e Gabrielli (2004, p. 24) recordam a importância de se definir o **"tom"** da mensagem, ou seja, a forma como o discurso deve ser dito: "ele é de fato importante, porque diz respeito a algum apelo específico que possa surtir efeito no público em questão. Por exemplo, tom humorístico, tom sóbrio, familiar, alegre, jovem, [...]".

Fique atento!

Essas orientações podem soar como interferências ao trabalho do criativo, mas não se engane! Elas estão apenas inibindo a dispersão das ideias, ou seja, delimitando uma área de ação que satisfaça aos objetivos de comunicação e às estratégias do planejamento previamente estabelecidos.

A mente criativa continua livre para pensar, mas sobre uma base mais sólida.

4.2.6
Imagem desejada

A tarefa publicitária não se esgota com a criação, a produção e a veiculação dos materiais. É necessário projetar um resultado, dar "mais um passo" na relação com o consumidor, fixar uma informação sólida.

Nesse sentido, é importante definir o que queremos obter, qual imagem desejamos para o produto na mente do consumidor. Ao final da veiculação da campanha, é importante detectar se esse posicionamento do produto foi percebido pelo receptor da mensagem e se a associação desejada fixou-se na memória do consumidor.

A Red Bull associou sua imagem à ideia de energia adicional para o trabalho ou para a balada – o produto "te dá asas". O Banco do Brasil é o banco da Ana, da Maria, do João, o banco de todos os brasileiros. A Volvo, retomando o exemplo inicial, posicionou-se como a fabricante de automóveis que mais se ocupa com a segurança dos passageiros. Quando informações como essas consolidam-se no imaginário dos consumidores, elas passam a valer ouro!

Fixar uma informação considerada valiosa na mente de um grupo de consumidores é, sem dúvida, uma das grandes ambições da comunicação publicitária. Imaginemos um anúncio que explore a ideia do "antes e depois", ou seja, uma pessoa pouco apegada ao hábito da leitura que, afetada pela mensagem, assume o amor pelos livros e, com isso, muda a sua forma de ver e sentir o mundo.

Podemos, sim, imaginar as qualidades desse texto: uma estrutura coerente que atraia, informe e persuada, convide à ação. Um bom caminho para o convencimento seria estabelecer um tom de conversa, amigável, recordando, por exemplo, que todos somos apaixonados por belas histórias, mas que a correria diária acaba nos tirando a energia para alguns prazeres como a leitura. Para isso, devemos utilizar frases curtas, mais fáceis de assimilar, associar razão e emoção para melhor argumentar, afinal, ler é igualmente bom ao intelecto tanto no sentido de compreensão da realidade quanto pelas viagens mentais que proporciona às emoções. O texto, é claro, deve ser reescrito até que possa fluir sem dificuldades na interpretação.

Importante

Quando puder, imponha desafios criativos à sua rotina de trabalho.

O anunciante poderia ser um Círculo de livros patrocinado por uma editora, e seu *slogan*: "Abra a sua mente, abra um livro".

4.3 O texto publicitário tem um comandante

Pronto. Com a estratégia criativa, você tem uma linha conceitual que orientará a criação, contudo, ainda falta o momento criativo que vai transformar as informações em uma **síntese criativa**.

O redator, então, tenta capturar no mundo das ideias (realidade + fantasia + passado/futuro + experiências e visões de mundo) algo que sintetize tudo que foi dito (conceito) de maneira inteligente, criativa, eficiente e precisa em relação aos objetivos de comunicação e à linha conceitual, ao perfil do público-alvo e da cultura local.

Entramos no campo do **tema publicitário**!

> O tema é o comandante da criação e, em sua frase-síntese, estará armazenada toda a força criativa da campanha publicitária: "O tema é, pois, uma forma de concentrar os argumentos de venda do produto, selecionando o argumento que maior influência possa ter sobre o consumidor típico" (Sant'Anna; Rocha Júnior; Garcia, 2009, p. 155).

Falaremos mais sobre o tema publicitário no Capítulo 6, pois seu lugar é sempre ao lado de uma campanha publicitária. Em outras palavras, não existe campanha sem um tema!

Não estamos, com isso, querendo dizer que um tema não possa comandar uma única peça (até porque essa peça pode desdobrar-se em outras, tornando-se, mais tarde, uma campanha), mas que uma de suas funções fundamentais será **unir** todas as peças em torno de um comando: a **frase-síntese temática**.

Deixamos, então, uma reflexão para você:

> O tema é uma (pequena) frase, também o é o *slogan*. Não os confunda!
>
> Qual a diferença?

Pense sobre isso. Retomaremos essa indagação (**tema × *slogan***) ao final deste capítulo.

4.4
Formatos de abordagem para a criação publicitária

Se você é daquelas pessoas que gostam de soltar a imaginação e pensar em soluções criativas para diferentes problemas, vai gostar deste tópico. Ele vai mostrar diferentes caminhos para o tratamento de uma ideia. Claro que se trata, aqui, de ideias específicas, aquelas que fazem parte do mundo da publicidade.

Caso você se enquadre na definição anterior, já deve ter-se percebido dentro da situação a seguir: você está buscando uma solução para vender um *shampoo*, por exemplo, mas todas as ideias que lhe ocorrem passam por aquela solução batida da loura com cabelos deslumbrantes, soltos ao vento, mas sem perder o volume e o brilho. A ideia é legal, mas muito utilizada (clichê).

Você quer pensar em outro caminho, mas, simplesmente, está preso a esse paradigma.

"Considero paradigmas as realizações científicas universalmente reconhecidas que, durante algum tempo, fornecem problemas e soluções modelares para uma comunidade de praticantes de uma ciência" (Kuhn, 1997, p. 13).

A definição do físico Thomas Kuhn, que se interessa por afirmações relacionadas à ciência e à história da ciência, parece, a princípio, um pouco complexa, mas podemos extrair conclusões interessantes dela: *paradigma* é um conjunto de saberes que, "durante algum tempo", fornece uma solução modelar, ou seja, vai definir um modelo de pensamento que funcionará por um tempo, até que se esgote e seja superado por outras abordagens.

Então, o **paradigma** é uma fórmula que funciona (um modelo), mas que, com o passar do tempo, vai perder força pelo desgaste do uso e tornar-se óbvia, como a loura de cabelos esvoaçantes das propagandas de *shampoo*.

Saiba que essa situação é muito comum, mesmo para criativos experientes. Agora, a boa notícia é que esse conteúdo que veremos a seguir vai sugerir outros pontos de vista a você. Claro que alguns vão se encaixar melhor, outros nem tanto, mas garantimos que você vai conseguir pensar fora da caixa, sim!

Definido o posicionamento conceitual e a frase-tema, iniciamos as tomadas de decisão que vão construir o percurso da criação. Comecemos pelos **formatos de abordagem**, fundamentais no processo criativo, pois oferecem tratamentos diversos para uma mesma ideia inicial. São eles:

1) Solução de problema.
2) Ação do produto.
3) Vida cotidiana.
4) *Nonsense*.
5) Glamourização.
6) Testemunhais.
7) Notícia.
8) Porta-voz.
9) Novela.
10) Superioridade comparativa.

Vejamos cada um desses formatos de abordagem na sequência.

1) Solução de problema

Possivelmente, é o mais clássico de todos os formatos, pois podemos imaginar sua existência desde as mais remotas relações comerciais. É uma estratégia típica do bom vendedor: apresentar um problema, gerar um reconhecimento desse problema por parte do receptor e propor uma solução via produto.

No momento em que o consumidor percebe-se incluído no problema, é natural que ele aguarde uma solução. A boa notícia é que, no mundo da publicidade e do consumo (ao contrário de nossa vida cotidiana), tudo tem uma resposta, uma solução ao alcance.

O processo de criação pode, então, construir um problema (dor de cabeça) e uma solução (alívio imediato ao utilizar o analgésico X). Além disso, apresenta um ganho adicional: para toda sugestão (do anunciante) que possa solucionar um problema (do consumidor), existe um agradecimento e a abertura para relacionamento duradouro (fortalecimento da imagem da marca).

Observe o anúncio a seguir, que consta no *link*: <http://mundodasmarcas.blogspot.com.br/2016/12/vanish.html>, cujo título é: "*Lavar a roupa é uma coisa. Tirar mancha é Vanish*".

2) Ação do produto

Esse formato é bastante simples em sua lógica, pois trabalha com a demonstração da eficiência do produto. Lembra da célebre frase de São Tomé? *Ver para crer!* Sim, o consumidor tende a acreditar mais naquilo que está vendo. A mensagem ganha um ar de "verdade" inquestionável, interessante aos objetivos da persuasão publicitária.

Normalmente, são mensagens com um tom didático, ou seja, "ensinam" o consumidor sobre o uso do produto e confirmam o desempenho deste. Pense na criança chegando em casa com a roupa toda suja, na máquina de lavar, na espuma deixando a roupa branquinha, na ação do sabão em pó Y. Pronto!

Você pode estar pensando: Mas isso também não é solução de problema?

Sim, há alguns elementos do formato anterior, mas o que predomina na história é o desempenho do produto, sua eficiência. Então, firma-se como o formato "Ação do produto".

No entanto, cabe aqui uma observação: uma peça publicitária pode abrigar mais de um formato, desde que não sejam conflitantes e que haja um domínio de algum dos formatos.

Observe o anúncio no *link*: <http://mundodasmarcas.blogspot.com.br/2009/08/activia.html>. Cujo título é: *"Regule o trânsito intestinal e acabe com a sensação de barriga inchada"* (anunciante Activia).

3) Vida cotidiana

Começamos, aqui, a observação do primeiro de três formatos situacionais, ou seja, aqueles que privilegiam a construção de um acontecimento.

O primeiro formato propõe situações rotineiras, do dia a dia das pessoas comuns, em casa, no trabalho, em espaços públicos. Na verdade, monta um cenário, um desejo de convivência perfeita e estado de felicidade. É uma projeção da felicidade cotidiana que desejamos.

Por exemplo, aquelas mensagens clássicas de margarina (ou de cereal matinal) que mostram uma família perfeita ao amanhecer. O pai, elegante, de terno, devotado à esposa e aos filhos. Estes últimos, harmoniosos e felizes com mais um dia de escola. A mãe, radiante em sua beleza natural, cuida de todos. O cachorro abana o rabo, uma suave brisa balança a cortina da cozinha acompanhada dos primeiros raios de sol de um dia cheio de boas expectativas. A mesa posta, o pão quentinho, a margarina derretendo.

Concordamos que esse cenário é perfeito demais, no entanto, é isso que queremos (como humanos), e é isso que o consumidor projeta para sua vida cotidiana: a beleza presente no dia a dia. A propaganda "apenas" monta o cenário com as personagens, o ambiente e o protagonista: o produto, que funciona como um sol a iluminar a felicidade de todos.

A família feliz, resumindo, é um estereótipo, ou seja, um modelo a ser seguido: "algo de domínio público, uma 'verdade' consagrada" (Citelli, 2000, p. 47).

4) Nonsense

Possivelmente, a grande diferença entre a comunicação jornalística e a publicitária é que a primeira deve ater-se ao fato ocorrido e às análises e consequências desse fato (por exemplo: um atentado terrorista), ao passo que a segunda pode "fugir" da realidade, construir uma situação aparentemente "sem sentido". Conforme apontam Hoff e Gabrielli (2004, p. 45): "Ideias sem sentido existem no cinema e no teatro, em épocas específicas da história desses meios de expressão, e foram bem aceitas por certas faixas de público".

O que queremos dizer é que o mundo da propaganda não precisa, necessariamente, retratar o mundo real.

A publicidade cria universos imaginários, explorando a fantasia que habita a mente das pessoas. **Mas, atenção**: a única informação obrigatoriamente real na mensagem é a convicção da existência do produto, o que significa que o formato "sem sentido" não pode ser incoerente com determinada realidade do produto, ou seja, toda viagem publicitária precisa guardar, em sua essência, uma verdade relacionada ao produto anunciado.

Exemplo 4.2

Exemplificando, veja a propaganda do desodorante *Old Spice*, que consta no *link*: <http://comunicart.blog.br/2016/01/terry-crews-tenta-falar-portugues-em-novo-anuncio-de-old-spice/>. A comunicação, em uma primeira análise, parece totalmente estranha à realidade, contudo, observando um pouco melhor, percebemos que ela retrata certo aspecto do imaginário masculino relacionado à força muscular e à disposição para enfrentar os obstáculos de cada dia (com humor, é claro!).

Fique atento!

O humor é sempre uma ótima maneira para fisgar a atenção do consumidor ou fazê-lo fixar alguma informação importante. Toda vez que uma ideia trabalhada ofereça espaço para um olhar mais divertido da realidade (e desde que o objetivo da mensagem e o tom sugerido para a conversa o permitam), esta pode vir a ser a melhor forma de se contar a história. Cuidado, no entanto, para não forçar a piada, tornando-a deslocada ou agressiva, ou, ainda, que sua presença encubra o conteúdo da mensagem publicitária, fazendo com que o consumidor lembre da piada, mas não do produto e de suas qualidades.

5) Glamourização

Entre as situações da vida cotidiana e as fantasias do *nonsense*, existe um campo de sonhos possíveis que habitam a mente humana. São aqueles sonhos fascinantes, que projetam mais luz e brilho às nossas vidas: festas em lugares deslumbrantes, pessoas bonitas, carro conversível em estrada ao pôr do sol, jantares românticos, viagens inesquecíveis, uma praia deserta.

Conforme relatam Palacios e Terenzzo (2016, p. 13), "acontecimentos emocionalmente estimulantes costumam ser lembrados com mais exatidão do que eventos comuns". Um mundo perfeito à disposição do consumidor que, para concretizar esse sonho, só precisa de um... cartão de crédito, ou comprar um pacote de viagem ou, mesmo, um simples bilhete de loteria! Afinal, quem não quer um pouco de *glamour* em sua vida?

6) Testemunhais

Já vimos que uma tentativa de conversação busca nos aproximar do outro e que, nesse diálogo, existe um jogo argumentativo muito mais elaborado do que imaginamos. Com a publicidade não é diferente, ela procura sempre estabelecer diálogo com seus públicos e, para tanto, elabora diferentes estratégias de aproximação.

Colocar alguém que se apresente diante do público e faça um relato de algum hábito que adquiriu e o quanto essa atitude colaborou para o avanço de sua qualidade de vida, em um tom franco e natural, é, normalmente, uma estratégia de aproximação muito eficiente, pois deixa "frente a frente" o emissor e o receptor da mensagem, como em uma conversa entre vizinhos.

> Essa é a força do formato testemunhal: criar proximidade, intimidade, confiança naquilo que é dito de uma maneira quase privada (ainda que o testemunho esteja sendo compartilhado com milhares de leitores).

O testemunhal apresenta três dimensões de diálogo, e cada um deles produz um efeito diferente. Vamos observá-los a seguir:

a) Testemunhal de pessoa comum

> A primeira dimensão tenta "igualar" o emissor e o receptor da mensagem, colocando-os em um mesmo nível de relações sociais (ambos são anônimos, pessoas comuns), pois, dessa forma, o relato ganha força pela proximidade entre realidades, ou seja, o relato do emissor é muito parecido com a realidade do receptor, de tal forma que o leitor poderia ele mesmo relatar uma história parecida. Sant'Anna, Rocha Júnior e Garcia (2009, p. 168) citam os comerciais que utilizam testemunho, mas podem servir também para o impresso: "A chave desse tipo de comercial é usar pessoas normais, que transmitem sinceridade ao falar do produto".
>
> Um bom exemplo seria o de alguém que testemunha suas aflições com relação ao aprendizado da língua inglesa e milhares de leitores identificam-se com essa realidade. O emissor prossegue nos contando que fez a escolha certa (a escola de inglês com as qualidades ideais e o método mais eficiente). Funciona como um espelho: a realidade do outro refletindo a nossa realidade.

b) Testemunhal de celebridade

Nessa dimensão, já não ocorre um alinhamento entre emissor e receptor, e sim um desnivelamento que vai explorar a ideia do único e do diferente. Sabemos que todas as sociedades, por diferentes motivos, elegem aquelas pessoas que são especiais, que se destacam pela sua inteligência, força, beleza ou qualquer outro atributo valorizado por aquele agrupamento social. O depoimento dessas pessoas ganha, portanto, um peso especial aos leitores, que, fascinados, podem imitar a sugestão que lhes foi dada.

Um exemplo clássico é a modelo famosa que compartilha com suas fãs o segredo de beleza de sua pele. Isso cria uma sensação de aproximação entre as pessoas comuns e o mundo, supostamente especial, dos famosos, propondo o seguinte raciocínio: se eu usar o mesmo produto, posso obter os mesmos resultados.

Exemplo 4.3

Na mensagem sugerida no anúncio que aparece no *link*: <http://www.marcomunicacao.com.br/mude-para-xp>, identificamos um ator famoso que faz um alerta sobre investimentos (anunciante XP Investimentos). O anúncio funcionará se o público associar a credibilidade e o talento do ator às qualidades do anunciante (assessoria de investimentos). O protagonista é apresentado como ator e investidor, reforçando os laços entre aquele que testemunha e a marca anunciada.

Fique atento!

Escolha a celebridade certa! Aquela que, de algum modo positivo, liga-se ao segmento do produto. Não adianta escolher alguém que seja "apenas" famoso, é preciso que se estabeleça algum vínculo com a temática anunciada.

Cuidado também com as subcelebridades, aquelas que são famosas por apenas 15 minutos (como disse Andy Warhol) e logo desaparecem do mundo dos famosos e da vida dos leitores. Credibilidade é muito importante para a eficácia da mensagem publicitária.

c) Testemunhal de autoridade

O último dos testemunhos mantém o desnivelamento entre o emissor e o receptor, mas, dessa vez, não utiliza o fascínio dos famosos, e sim o saber técnico acumulado por alguém em determinado campo de atividade.

A força desse testemunho reside no fato de que, sempre que alguém se apresenta diante de nós investido por um saber reconhecido (uma autoridade), esse depoimento ganha a força do argumento irrebatível, que não podemos enfrentar, então o aceitamos como verdadeiro (o *chef* de cozinha que recomenda o melhor tempero; o piloto de corridas que sugere o pneu mais apropriado para o carro, o dentista que indica o melhor creme dental), pois quem o diz é um especialista no assunto. Para Citelli (2000, p. 47), a mensagem chama alguém para validar a afirmação, tornando "mais real" a mensagem.

7) Notícia

A mensagem publicitária precisa convencer um consumidor cada vez mais treinado diante do discurso de vendas, que percebe a presença e a atividade persuasiva desse gênero discursivo e busca proteger-se dos ataques (lembre-se de que um consumidor recebe, diariamente, milhares de mensagens de vendas).

A publicidade pode, então, camuflar-se (e esse é um recurso persuasivo legítimo!) em outro formato comunicacional e criar a sensação de que aquilo que diz é um fato – e sabemos que os fatos são mais difíceis de ser contestados. A publicidade ganha um tratamento de notícia, como em uma matéria jornalística, cabendo ao redator publicitário transmitir, no interior da mensagem, seu texto com os oferecimentos de produtos e serviços. Mais do que argumentar, o anúncio "noticioso" vai demonstrar uma realidade.

Importante

Importante reforçar que essa "camuflagem" da mensagem publicitária é, no mais das vezes, percebida pelo receptor da mensagem: "onde muitos enxergam manipulação e conformismo, pode-se encontrar satisfação, jogo e gosto pela estetização. O consumidor seduzido pela publicidade não é um enganado, mas um encantado. Em síntese, alguém que acolhe uma proposição estetizada" (Lipovetsky, 2000, p. 9).

8) Porta-voz

A narrativa publicitária – que conta histórias para oferecer produtos – pode criar uma personagem que se encaixe na realidade do produto de tal forma que possa representar fisicamente esse mesmo produto ou marca. Essa personagem vai conversar com o leitor, transmitindo valores como segurança, agilidade, honestidade, sensibilidade.

Podemos recordar de muitas dessas personagens, que ficaram tão famosas que fazem parte não só da história da propaganda brasileira, mas do imaginário de milhões de consumidores ao longo das últimas décadas: o baixinho da Kaiser; o bailarino Sebastian, da C&A; o tímido e inesquecível garoto Bombril; o cara das Casas Bahia; mais recentemente, o ruivo da Vivo; o turista Trivago etc. A lista é longa, pois a propaganda brasileira percebeu que o consumidor daqui gosta desse tipo de abordagem, com personagens exóticos, engraçados, autênticos etc.

Como, então, criamos uma personagem?

Nem toda personagem cai no gosto popular. Certamente, muitas delas não vingaram e caíram no esquecimento. Mais que um bom ator, a personagem bem construída precisa capturar o "espírito" do produto e criar envolvimento com o leitor. Deve ser o centro da história que está sendo contada, conduzindo-a por um caminho seguro que confirme as qualidades do produto.

É preciso, dessa forma, construir a personagem em três níveis (e esse é um exercício muito interessante!): o perfil físico, o social e o psicológico.

Nível físico: altura, peso, algum detalhe da aparência etc.

Nível social: condição econômica, contexto social em que transita (Exemplo: um *office-boy* que quer uma oportunidade de ascensão profissional).

Nível psicológico: tranquilo ou agitado, ambicioso, generoso, esperto etc.

Figura 4.1 Carisma e longevidade

Criado em 1978, o garoto Bombril, interpretado pelo ator Carlos Moreno, é a personagem porta-voz com mais tempo de permanência na propaganda mundial (registrado no *Guiness Book*, o livro dos recordes). Sua aparência tímida e seu jeito de bom moço (incapaz de mentir) cativaram por décadas o consumidor brasileiro, tornando a marca um sinônimo para esponja de aço.

9) Novela

Brasileiros também adoram novelas, pois estão acostumados, há muitas gerações, com os folhetins diários que apresentam uma história e, ao final do capítulo, criam um "gancho" para que o espectador volte amanhã, cheio de expectativas. Pois bem, a publicidade também pode fazer isso: criar mensagens, divididas por episódios que mantenham os consumidores ligados na sequência até o desfecho da história. O produto anunciado, é claro, torna-se o "ator" mais importante, que desfila suas qualidades pelos episódios e conduz o leitor para o desejado "final feliz".

Nos meios impressos, a propaganda "episódica" manifesta-se de diferentes maneiras: nos jornais, os anúncios sequenciais podem vir a cada novo dia; nas revistas, a continuidade será semanal, quinzenal ou mensal de acordo com a regularidade da veiculação; nos meios exteriores, renovam-se periodicamente (semanal, bissemanal etc.) ou, então, de uma maneira mais rápida, são perfilados em sequência em uma estrada ou grande avenida.

Acesse o *link*: <https://rogeriocampos.wordpress.com/2011/08/05/caca-palavras-hortifruti/> para entender a eficiência de uma peça *teaser*.

Importante

A criação publicitária desenvolveu uma técnica denominada *teaser* (em inglês, "aquele que provoca"). A força desse artifício está na capacidade de despertar a curiosidade do leitor. São peças divididas, normalmente, em duas partes (capítulos), em que a segunda é a resposta à indagação da primeira. Pode ser utilizada em qualquer mídia, mas é interessante, especialmente, nos meios exteriores. Um *outdoor*, por exemplo, fica "torturando" os passantes por 14 dias com alguma curiosidade, para só depois mostrar a resposta.

10) Superioridade comparativa

De todos os grandes formatos que definem as linhas criativas das campanhas publicitárias, talvez o mais polêmico e que suscita maiores cuidados por parte da criação publicitária seja o da propaganda comparativa. Vamos por partes!

Você pode comparar produtos na mensagem publicitária?

Sim, você pode fazer comparações diretas ou indiretas entre a sua marca e alguma ou algumas marcas concorrentes. O que você **não** pode é denegrir a marca concorrente. Mas será que aquela mensagem que uma pessoa considera respeitosa uma outra também vai considerar? Talvez meu concorrente possa achá-la um pouco agressiva ou ofensiva.

Fique atento!

Quando o concorrente considera a mensagem ofensiva, ele pode recorrer ao Conar (Conselho Nacional de Autorregulamentação Publicitária), uma corte formada por publicitários com poder de julgar e determinar, caso considere procedente, a retirada do material publicitário, entendendo que a mensagem extrapolou suas liberdades de expressão e agrediu a marca concorrente ou algum valor fundamental da sociedade.

O julgamento de sua mensagem, no entanto, não é o único risco que você e seu anunciante correm. O concorrente pode reagir e contra-atacar seu produto em suas fragilidades. Você precisa estar preparado para essa "guerra".

Lembra dos "pôneis malditos" da Nissan? A campanha confrontou os cavalos de força da Nissan Frontier com os "pôneis" da concorrência. Polemizou, viralizou, gerou reações. Esse formato é, naturalmente, pela forma da abordagem, um convite ao risco – mas, como negar que o risco faz parte do negócio da propaganda e que, sem ele, a conquista por espaço na mente do consumidor torna-se ainda mais difícil!

Começamos falando das dificuldades, mas não gostaríamos que você desistisse da possibilidade de usar esse formato.

Por ser polêmico e desafiador, ele chama a atenção do consumidor, que fixa em sua mente uma comparação entre produtos e marcas, a qual tentará, sutilmente, mostrar alguma superioridade do produto em relação aos concorrentes (tecnologia mais avançada, melhor sabor, mais natural etc.).

> **Dica**
>
> Uma estratégia de minimização do ataque ao concorrente seria o de comparar indiretamente – "a marca B", "as outras marcas" – fugindo assim do confronto direto e dos possíveis contra-ataques da concorrência.

Com relação aos riscos inerentes à criação, Vieira (2003, p. 41) deixa um alerta: "a criação tem obrigação comercial e necessidade vital de correr riscos, o que, no entanto, não significa cometer irresponsabilidades". Essa questão nos remete, como redatores, a uma crítica contínua quanto aos conceitos e aos produtos textuais que propomos.

Estudo de caso

A comunicação da Skol não avaliou corretamente os riscos e errou, reagindo diante do problema e evoluindo com o aprendizado.

Isso pode ocorrer porque, por vezes, a ousadia não mede corretamente os riscos e a repercussão respinga na marca.

O problema: A campanha de carnaval da Skol, Viva Redondo (2015), foi criticada por suas mensagens: "Esqueci o não em casa" e "Topo antes de saber a pergunta" (veiculadas em mobiliários urbanos). Grupos de defesa dos direitos da mulher alegaram que a mensagem fazia apologia ao assédio, e a notícia repercutiu nas redes: "Internautas criticaram as frases dizendo que elas passam a ideia de que as mulheres estão disponíveis no Carnaval e que elas podem ser abordadas e tocadas mesmo sem consentimento" (UOL, 2015). A mesma matéria, intitulada "Anúncio da Skol gera polêmica e é acusado de incentivar assédio a mulheres", informa que a empresa foi alertada sobre os riscos do entendimento dúbio, detectou o problema e retirou as peças.

A solução: A empresa substituiu as peças anteriores por mensagens mais positivas, como você pode observar a seguir.

Figura 4.2 Novas mensagens para a campanha de carnaval Skol

Nos carnavais seguintes, a Skol vem tratando de maneira didática a diferença entre assédio e abordagem consensual e, dessa forma, minimizando a repercussão negativa do passado recente e, ao mesmo tempo, posicionando-se na vanguarda de um debate que interessa a toda sociedade brasileira. A imagem desejada: as redes sociais impactam hoje toda a sociedade, produzindo efeitos que precisam ser avaliados pelas agências de publicidade e seus anunciantes. A reputação da marca deve ser preservada e solidificada a cada nova campanha: "No mundo em que a reputação cresce em importância, estamos mais perto de acontecimentos geograficamente distantes de nós do que de fatos que estão fisicamente do nosso lado" (Rosa, 2006).

O tema da campanha da Skol para o Carnaval de 2018 – "Tá redondo, tá junto" – explora comentários "quadrados" (machistas) e abordagens "redondas", muito mais respeitosas, confirmando a opção da marca por um discurso de combate à cultura do assédio e de estímulo às boas práticas na relação entre os gêneros.

Retomando, recordamos que os formatos de abordagem devem ser entendidos como opções de caminhos para se tratar uma ideia inicial. Aproveite-os, explore suas possibilidades, misture-os (sem criar conflito). Eles são 10, mas, por meio de diferentes tons, tipos de texto e apelos transformam-se em dezenas, tornando o processo criativo mais rico e a originalidade mais próxima.

Antes de encerrarmos este capítulo, temos de responder a uma indagação que ficou lá atrás: tema *versus slogan*. Ambos, tema e *slogan*, constituem-se como frase, contudo, um tem função de comando, e o outro, de representação.

Melhor dizendo, o **tema** orienta a criação e, portanto, comanda as decisões sobre os textos (título e corpo de texto), a relação de ancoragem (palavra + imagem), além de todas as escolhas estéticas da peça. Esse é o âmbito do tema publicitário. Já o **slogan** está presente no campo de assinatura da peça (juntamente ao logo) e sua função será a de representar verbalmente o anunciante. Portanto, **o tema não comanda o slogan**. Tanto que um *slogan*, normalmente, dura muito mais tempo (alguns anos ou décadas) que um tema de campanha (feito para durar o tempo de uma campanha).

> Resumindo, os temas passam depois de alcançar seus objetivos, os *slogans* ficam, pois se comportam como uma espécie de sobrenome da marca anunciante e, por isso mesmo, sua existência é longeva.

Em algumas situações, tema e *slogan* coincidem, ou seja, uma mesma frase comanda a criação e representa o anunciante. Isso pode acontecer, mas será temporário, pois o tema esgota suas responsabilidades mais cedo, deixando para o *slogan* a propriedade exclusiva da frase.

Síntese

Neste capítulo, esclarecemos que a redação publicitária parte de um conceito; e é por meio desse conceito que se chega ao tema publicitário. Também tratamos dos formatos de abordagem, que, dependendo do tom e de outros aspectos relacionados à intenção a que se quer chegar, podem multiplicar-se e, assim, inspirar campanhas criativas. O texto publicitário, no entanto, deve orientar-se pela promessa básica, clara e única e complementar-se com os atributos secundários.

Questões para revisão

1) (Enade, Publicidade e Propaganda, 2015) A atenção ao briefing de criação é fundamental para que o redator publicitário desenvolva sua atividade com sucesso. A partir dele, será montada a estratégia de criação que deve orientar a formulação dos elementos verbais que vão figurar nos anúncios conseguintes. HOFF, T.; GABRIELLI, L. **Redação Publicitária**. Rio de Janeiro: Elsevier, 2004 (adaptado).

A partir do exposto no texto acima, avalie as afirmações a seguir, a respeito da referida etapa do trabalho de redação publicitária.

I) A determinação da "promessa básica" (*unique selling proposition*) refere-se à identificação do diferencial do produto ou serviço que será anunciado.

II) A "imagem desejada" está ligada à expectativa de percepção do público-alvo em relação aos objetivos de posicionamento do produto anunciado.

III) A "justificativa" (*reason why*) trata das promessas secundárias que devem estar presentes nos textos dos anúncios.

É correto o que se afirma em:

a) I, apenas.
b) III, apenas.
c) I e II, apenas.
d) II e III, apenas.
e) I, II e III.

2) Entre os formatos de abordagem da criação publicitária, encontramos aquele especializado em explorar depoimentos de pessoas, buscando uma aproximação entre

o mundo do emissor e do receptor da mensagem. Essa definição refere-se ao seguinte formato:
a) testemunhal.
b) superioridade comparativa.
c) porta-voz.
d) glamourização.
e) solução de problema.

3) A criação de um tema tem início depois que a dupla de criação está munida da informação do que dizer. Após entender o *briefing* de criação, a dupla procura um caminho criativo para dizer o que foi solicitado, ou seja, procura um conceito criativo ou um tema de campanha ou, ainda, um tema criativo, pois cada agência utiliza a nomenclatura que julga mais conveniente. A primeira etapa na criação do tema de uma campanha é refletir/problematizar a respeito da melhor forma de abordar o diferencial, criando um argumento que amarre a campanha (Hoff; Gabrielli, 2004).

Acerca do tópico tratado nesse fragmento de texto, avalie as asserções a seguir e a relação proposta entre elas.

I) O tema de campanha não aponta uma linha a seguir, ele é a assinatura da marca anunciante. Ao lado do logotipo, representa verbalmente aquilo que de mais importante a marca quer gravar na mente do consumidor.

PORQUE

II) Um tema de campanha deve ser compreendido como um guarda-chuva, pois precisa ser abrangente, de modo a adequar-se à produção de peças em diferentes mídias construindo a unidade da campanha.

A respeito dessas asserções, assinale a opção correta:

a) As asserções I e II são proposições verdadeiras, e a II é uma justificativa correta da I.
b) As asserções I e II são proposições verdadeiras, mas a II não é uma justificativa correta da I.
c) A asserção I é uma proposição verdadeira, e a II é uma proposição falsa.
d) A asserção I é uma proposição falsa, e a II é uma proposição verdadeira.
e) As asserções I e II são proposições falsas.

4) Neste capítulo, apresentamos o tema publicitário, síntese criativa fundamental para o trabalho do redator. Imaginemos, agora, um tema que poderia muito bem servir ao mercado de motocicletas de alta cilindrada: "Selvagem como o vento". Aponte o argumento que sustenta essa afirmação e a maneira direta com que se comunica ao público interessado.

5) A personagem porta-voz é, possivelmente, a forma mais carismática que a publicidade encontrou para relacionar-se com seus consumidores. Construídos especialmente para encantar o público ou, ao menos, aquela fração do público com o perfil de consumo desejado, o porta-voz cumpre papel fundamental para a comunicação de produtos, serviços, ideias e atitudes. Cite uma personagem porta-voz de que goste e comente pelo menos um traço físico, um traço social e um psicológico dessa personagem que expliquem seu carisma com o público (pode ser global, nacional ou mesmo alguma personagem da região onde você vive).

Mãos à obra

1) Vamos estruturar um conceito. Você vai escolher uma marca de gelatina e coletar dados que, mais tarde, possam transformar-se em uma lista de possíveis argumentos de venda. Não se esqueça de pensar também nos focos de resistência: Por que muitos consumidores ignoram as gelatinas?

2) Selecione, entre os argumentos listados anteriormente, qual aquele com força para se transformar em uma promessa básica. Justifique a escolha e selecione mais algum ou alguns argumentos de apoio (promessa secundária). Defina o tom da mensagem (humor, familiar etc.) e qual o residual que deve fixar-se na mente do leitor (imagem desejada). Pronto, aí está o conceito!

3) Vamos criar uma **peça**, que deverá ser enviada **na forma de um** *layout* (ver Glossário). Será um folheto para ser distribuído no ponto de venda, na degustação do produto. Folheto (uma dobra) é uma peça da família do fôlder que apresenta capa e verso (na face externa) e informações do produto/marca na face interna, cujo formato é o de um A4 dobrado. Escolha um formato dominante (testemunhal, vida cotidiana etc.).

A peça precisa, na capa, de um **título bem ancorado a uma imagem** (incluir embalagens da gelatina) e, na face interna, de um **corpo de texto** suficiente para falar das qualidades do produto e persuasivo ao utilizar a promessa básica e os atributos complementares. Lembre-se de que um folheto não exige um texto tão volumoso como o de um fôlder – que tem duas dobras ou mais –, pois seu espaço de diálogo é menor! Reserve o verso para a assinatura do anunciante. Desenvolva seu lado diretor de arte e busque uma solução estética que estimule o desejo e a ação.

5
As necessidades e os desejos na criação publicitária

Conteúdos do capítulo

- Apelos básicos para a mensagem publicitária.
- O processo publicitário de envolvimento do leitor.
- Gêneros de texto.

Após o estudo deste capítulo, você será capaz de:

1. compreender as noções de desejo e necessidade, fundamentais nas decisões do consumidor;
2. conhecer a função AIDA, que define a sequência lógica dos estados que conduzem ao convencimento e orientam a criação;
3. relacionar os gêneros de texto aplicados em redação publicitária;
4. conceber a dimensão criativa na publicidade.

Constituídas as linhas criativas que definem o ponto de partida e, por isso mesmo, estabelecem as linhas gerais da criação (formatos de abordagem), precisamos, agora, acender as luzes do caminho, bem como potencializar a ideia dando-lhe capacidade de persuasão. Precisamos dos **apelos básicos**.

Você vai encontrar listas que tentam relacionar os principais apelos. Mais uma vez, tentaremos, nesta obra, definir um parâmetro fundamental para os apelos básicos e, para tanto, utilizaremos as noções de **desejo** e de **necessidade**, essenciais para a compreensão da ação humana e, consequentemente, das decisões do consumidor.

Sobre isso, Sant'Anna, Rocha Júnior e Garcia (2009, p. 81) esclarecem que a "atividade humana tem, pois, como força remota, as necessidades, e como motivo atual, imediato, os desejos", e prosseguem afirmando que o anúncio deve provocar no leitor uma reação, pois "é preciso que faça apelo a uma necessidade (despertando com isso um desejo) ou excite um desejo já manifesto no consciente".

Você conhecerá, a seguir, os apelos básicos mais frequentes na criação publicitária.

5.1
Os apelos básicos da criação publicitária

Com base na lista criada por Sant'Anna, Rocha Júnior e Garcia (2009), apresentaremos os apelos básicos, frequentemente utilizados pela publicidade brasileira e que exploram, como estratégia discursiva, as necessidades naturais, traduzindo-as em desejos.

Ambição

Todos nós sabemos que essa necessidade funciona como um motor do desenvolvimento humano, sem a qual estaríamos em permanente estado de passividade e atraso. A ambição pode, na propaganda, apresentar-se de diferentes modos:

a) **Ambição financeira**: explorada, por exemplo, pelo sistema financeiro (investimentos em produtos bancários etc.).
b) **Ambição profissional**: visível em anúncios que oferecem cursos para os mais variados aprendizados valorizados pelo mercado.
c) **Ambição amorosa**: aqui, percebemos um viés mais emocional, que retrata as conquistas amorosas e persegue a felicidade.
d) **Ambição espiritual**: menos nítida, essa necessidade conduz ao desejo humano pela transcendência, em que o produto ou o serviço oferecido comporta-se como um apoiador das buscas mais espiritualizadas – um anúncio de seguro que reflete sobre a fluidez da vida, por exemplo, ou, então, um anúncio de produto de beleza, como podemos observar na Figura 5.1.

Fique atento!

Não confunda *ambição* com *ganância*, sentimento que ultrapassa a ambição e expõe a pior espécie de individualismo da raça humana.

Figura 5.1 Exemplo do apelo de ambição espiritualizada

POR QUE A GENTE
CONTA O TEMPO EM ANOS?

POR QUE NÃO EM LUAS,
COMO ANTIGAMENTE?
OU EM SÓIS
QUE A GENTE VIU NASCER?
ABRAÇOS QUE A GENTE DEU.
LUGARES QUE CONHECEU.
SORRISOS, TALVEZ.

QUANTOS SORRISOS
VOCÊ TEM?

natura
bem estar bem

Jambu
Spilanthes oleracea
Planta brasileira concentrada e potencializada em 1.000 vezes até a obtenção do Spilol.

NOVO CHRONOS
SPILOL FPS 15.
Tecnologia e biodiversidade juntas. Uma inovação no tratamento anti-sinais.

Corpo de texto: "Por que a gente conta o tempo em anos? Por que não em luas, como antigamente? Ou em sóis que a gente viu nascer? Abraços que a gente deu. Lugares que conheceu. Sorrisos, talvez. Quantos sorrisos você tem? Novo Chronos Spilol FPS 15. Tecnologia e biodiversidade juntas. Uma inovação no tratamento anti-sinais".

A ausência formal de um título poderia prejudicar o laço inicial entre mensagem e leitor; contudo, o corpo de texto cumpre, aqui, duplo papel (título e corpo) e parece suprir essa carência. O texto, espiritualizado, remete às coisas simples e verdadeiras, sendo emocional. Na segunda fase, assume a racionalidade e apresenta o produto, sem, no entanto, retirar o convite às sensibilidades que domina a mensagem.

Amor à família

Outro apelo de fácil compreensão, pois a família é o primeiro e mais duradouro laço que envolve a maioria das pessoas ao longo de suas vidas. A publicidade explora esse sentimento sob diferentes níveis de vínculo, mas sempre construindo uma cena que confirma laços fortes entre pessoas:

a) **Núcleo familiar**: a tradicional família representada pelo casal, pelos filhos – por vezes, netos – e demais agregados. A chamada "família margarina" é bastante representativa desse apelo fortemente explorado pela indústria da alimentação.

> Atualmente, conforme evoluem os valores sociais e comportamentais, a publicidade vem espelhando outros arranjos familiares aceitos pela sociedade contemporânea.

b) **Amizade**: o círculo de amigos, sob diferentes aspectos, também pode ser compreendido no nível familiar, representando vínculos fortes e duradouros.

c) **Família universal**: apelo básico que amplia os limites tradicionais do conceito familiar e recorda outros vínculos de caráter mais geral, mas não menos identificadores, como torcedores apaixonados por uma mesma agremiação, tradições culturais de uma região – como os Centros de Tradição Gaúcha ou Nordestina espalhados pelo mundo –, apelos ao sentido pátrio (somos todos brasileiros) e, por fim, apelo à família humana, o mais universal dos sentimentos (campanha do agasalho, doação de sangue etc.).

Exemplo 5.1

Como exemplo, veja o anúncio que consta no
link: <https://www.abcdacomunicacao.com.br/ourocard-e-visa-lancam-campanha-para-copa-do-mundo/>.

Aparência pessoal e beleza

A propaganda "deita e rola" nessa necessidade, que é um verdadeiro fetiche de nosso tempo – a busca desenfreada pela beleza, ou melhor, pelo padrão de beleza estabelecido. Sant'Anna, Rocha Júnior e Garcia (2009) separam as duas necessidades, contudo, preferimos entendê-las como um todo que projeta a necessidade e deseja o belo, em um sentido que reflete não apenas a estética, mas também as relações de poder entre as pessoas e grupos sociais.

Vaidade e **autoestima** são exemplos explorados pela indústria da beleza, da moda, do esporte e, de maneira mais sutil, da saúde. Estereótipos que opõem o inocente ao fatal, a força à delicadeza, também povoam os apelos publicitários e o imaginário do consumidor.

De outra maneira, alguns anúncios podem oferecer um caminho para a **beleza interior** e para a conexão com as **belezas naturais**, em um sentido mais poético das relações humanas.

> **Atração sexual**

Aqui, a propaganda com o apelo da beleza dá um passo adiante e avança seus limites. A luxúria e o erotismo compõem cenários que partem da ideia de beleza, mas penetram em sensações mais profundas e primitivas do humano. Não é difícil perceber quando a publicidade ousa e coloca mais "pimenta" no discurso e nas imagens sugeridas. Não apenas os anúncios de motéis ou de preservativos, mas também os de lingerie ou de sapatos de salto e mesmo em segmentos insuspeitos, como de perfumes, cosméticos ou cremes dentais, por exemplo.

> *Exemplo 5.2*

O erotismo pode estar em muitos lugares argumentativos, de modo sutil ou mais explícito, como no texto, ambíguo, que consta no *link*: <https://medium.com/@observadm/ethos-na-publicidade-46d8ce0db3b0>: "Todo mundo tem um lado Devassa".

> *Fique atento!*

Sexo é um tema tabu, portanto, muito cuidado com o tratamento dado em sua mensagem publicitária. Esse apelo pode ser considerado agressivo por diferentes grupos organizados, produzindo indignação e protestos que podem desgastar a marca anunciada. Então, você precisa verificar sempre qual é o nível de tolerância da sociedade para aquele tipo de apelo e qual é o espaço de ousadia que o anunciante lhe oferece.

Michel Foucault (1993), em sua obra *História da sexualidade: a vontade de saber – volume 1*, aborda a repressão sexual presente nas sociedades e a chama de *hipótese repressiva*. O autor afirma, porém, que o estímulo à proliferação de discursos sobre sexo, especialmente a partir do século XIX, visam, sobretudo, ao controle do indivíduo e das sociedades.

Apetite

Das mais evidentes necessidades humanas (mesmo porque nos cobra todos os dias), o apelo à alimentação – que lá nas origens das sociedades resumia-se à mera satisfação da fome – evoluiu ao longo dos tempos e passou a exigir a higiene dos alimentos; depois, a praticidade do manuseio, até chegar aos nossos dias, quando mesmo valores como *status* são importantes para as escolhas ou, de outra forma, valores solidários como o compartilhamento dos alimentos.

É importante notar que os hábitos alimentares não param de evoluir e que as geladeiras e as dispensas vão ganhando novos produtos (mais naturais, mais práticos) e deixando de lado outros (mais calóricos ou com quantidades de sódio não recomendadas). A alimentação vegetariana também ganhou novos adeptos, e os programas televisivos voltados à gastronomia estimulam os consumidores para o "bem comer". Cabe a nós, publicitários, compreendermos essas novas expectativas do consumidor enquanto criamos mensagens com esse apelo.

Fique atento!

Famílias menores e habitações unipessoais (com um único residente) pressionam, cada vez mais, a indústria alimentícia por produtos adaptados às suas necessidades.

O apelo ao apetite também pode ganhar outra dimensão: **o apetite pelos prazeres**, **pelos negócios**, **pela vida**.

Para saber mais

Uma estrutura denominada *Pirâmide de Maslow*, sugerida pelo psicoterapeuta Abraham Maslow, apresenta a evolução das necessidades humanas: fisiológicas, de segurança, sociais, de autoestima e de autorrealização. Conheça um pouco mais sobre o tema:

REZ, R. Pirâmide de Maslow: hierarquia de necessidades do consumidor. **Nova Escola de Marketing**, 2 fev. 2016. Disponível em: <https://nova escolademarketing.com.br/marketing/piramide-de-maslow/>. Acesso em: 15 maio 2020.

Figura 5.2 Hierarquia de necessidades, segundo Maslow

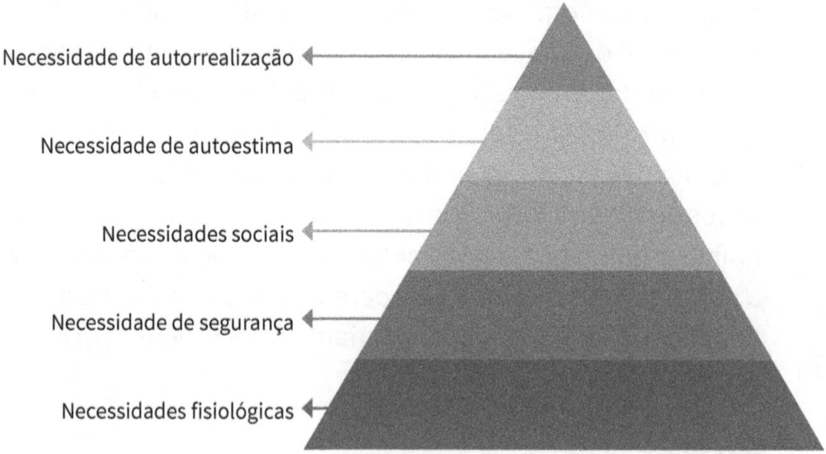

- Necessidade de autorrealização
- Necessidade de autoestima
- Necessidades sociais
- Necessidade de segurança
- Necessidades fisiológicas

Aprovação social

Somos todos seres gregários, ou seja, vivemos em comunidade e, dessa forma, temos a necessidade de ser aceitos pelos outros componentes do grupo, o que significa aderir aos costumes – uma linguagem específica, um modo de se vestir, uma maneira de enxergar as coisas. A publicidade compreende a existência dessas "tribos" de consumo e propõe produtos e discursos que confiram identificação e pertencimento, como usar determinada marca de jeans ou tênis, frequentar determinado centro de compras etc.

O **apelo ao *status***, mais uma vez, é determinante no discurso publicitário. Associar aquela marca com dada identidade cria um sentido de pertença: "O processo de autoidentificação é perseguido, e seus resultados são apresentados com a ajuda de 'marcas de pertença' visíveis" (Bauman, 2008, p. 108), sem contar que o indivíduo que adquire tal produto ou faz uso de tal serviço ganha destaque dentro do grupo que frequenta. Estimula-se o impulso de afirmação.

Outro aspecto característico desse apelo é o **estímulo à imitação**, ou seja, se determinada celebridade, conhecida e respeitada dentro do grupo social, utiliza e recomenda certa marca, isso pode significar um passaporte para a aceitação do leitor dentro do grupo que deseja.

Atividade × conforto

Essas duas necessidades se opõem, ainda que esse confronto não incomode a maioria dos consumidores, que ora se sentem estimulados ao movimento e à ação esportiva, ora desejam apenas o mínimo esforço e o relaxamento, que Lipovetsky (2007) denomina *febre do conforto*.

O **estímulo à atividade física** tornou-se uma das grandes celebrações de nosso tempo, basta olhar a quantidade de academias espalhadas pelas cidades brasileiras. É praticamente obrigatória a manutenção da boa forma física de tal modo que a propaganda vai explorar não apenas o segmento esportivo, mas também o de saúde, beleza, vestuário e alimentação.

Outra forma de compreender esse apelo seria enquadrando-o como **atividade mental**. Os discursos publicitários para a área cultural exploram essa oportunidade.

Com relação ao **conforto**, a publicidade vende facilidades que vão desde entregas em domicílio até serviços que o consumidor pode resolver de sua casa ou escritório, via *web*, como o *internet banking*, por exemplo. São também atributos relacionados ao conforto a pontualidade e a qualidade dos serviços.

Outra maneira de estimar o conforto seria percebendo-o pela **dimensão do prazer**: camas confortáveis, tecnologias de relaxamento etc.

Muitos anúncios de tênis esportivos conseguem fundir atividade e conforto, quando, para além do estímulo à atividade física, oferecem itens de conforto, como a tecnologia anti-impacto, que protege a musculatura dos pés e das pernas.

Exemplo 5.3

O anúncio da campanha da Mizuno (ver *link*: <http://www.ricardobarcellos.com/zmpfolio/media/commission still/work/1425659814553.jpg>) associa atividade e conforto ao trazer "depoimentos" de joelhos, costas e pés, que não podem mais justificar suas dores, pois o novo produto apresenta solado mais macio e flexível, segundo o fabricante. Vejamos o relato do pé.

Título: "Eu nunca mais vou reclamar".

Corpo de texto: "Prometo aguentar quietinho todo seu peso. E suportar calado as pontadas no calcanhar. Receberei trancos e devolverei impulsos. Serei pé pra toda obra. Torção, cãibra, bolhas, nada mais me assusta (nem aquela quina do sofá). Serei imparável, impávido, no peito, na raça e, claro, na sola. Promessa firme e sem dedinho cruzado".

Com bom humor e doses de *nonsense* – abordagem que se expressa de forma aparentemente incoerente –, a mensagem coloca-se no lugar dos pés de um atleta que relata a nova realidade alcançada após a aquisição do produto e faz isso de forma absolutamente emotiva – perceba que o texto não argumenta, em nenhum momento, as qualidades e o diferencial do produto. A argumentação quer conversar com os sentimentos e as sensações do leitor. O formato dominante é o testemunhal de "pessoa" comum, aquele que coloca em um mesmo nível o emissor e o receptor da mensagem. O texto é claro, as frases são curtas, a linguagem original usa expressões e acontecimentos corriqueiros para conversar diretamente com os destinatários (atletas que buscam alta *performance*). O uso da primeira pessoa remete à função expressiva.

O desfecho da mensagem nomina o produto e reafirma a opção pelo tratamento coloquial da língua: "Tecnologia de ponta contra o mimimi". Não se observa a presença do *slogan*, apenas da logo.

Cultura

Normalmente, não observamos com atenção, mas conhecer, aprender coisas novas e enxergar o mundo de outras formas são fortes necessidades humanas. A propaganda, especialmente a institucional – aquela que não oferece um produto para consumo, mas um valor que a empresa anunciante quer compartilhar com os consumidores –, associa marcas e eventos culturais, patrocina projetos artísticos, aproxima o consumidor dos produtos culturais.

O apelo à cultura pode significar também o **progresso profissional** perseguido pela maioria dos trabalhadores. Aspectos relacionados à **vaidade intelectual**, que não pode ser ignorada como fator de *status* em diferentes grupos sociais, também são característicos desse apelo.

Curiosidade

Existe em todos nós dois sentimentos que nos fazem oscilar: o primeiro é o hábito, ou tradição, que nos impele a repetir determinadas ações, como ler o mesmo jornal, tomar o mesmo achocolatado etc.; o segundo nos convida a experimentar coisas novas, a inovar. Neste último, encontramos o apelo à curiosidade.

Quando um novo produto é lançado, o apelo à curiosidade normalmente aparece nas mensagens publicitárias. Um bom exemplo são os produtos ligados à tecnologia, como *iphones*, que se tornam rapidamente objetos de desejo e os consumidores fazem fila para adquirir em primeira mão o novo aparelho.

Além da ideia de inovação, existe o **apelo à mudança**, muito forte nos desejos humanos. Quem nunca pensou em uma nova casa, um novo romance, um novo país. Um exemplo é o anúncio do Banco Original, com Usain Bolt, cujo título é *Romper, repensar, Recriar. Isso é ser Original.*

A curiosidade também pode ser interpretada como **voyeurismo** (observar sem ser observado), que possibilita sondar outras vidas e outros costumes – os *reality-shows* são exemplos contemporâneos da curiosidade, e a publicidade utiliza-os como oportunidades para *merchandising* (ver Glossário).

Economia

Economizar é uma atitude que podemos imaginar muito antiga, pois o homem, ao longo da história, viu-se privado de muitas de suas necessidades, obrigando-o a economizar alimentos, água, lenha etc. Esse hábito acompanha o desenvolvimento humano, estando hoje incorporado às rotinas de planejamento de governos, empresas e indivíduos. Economizar é uma prática cotidiana (e das mais sábias!). A publicidade desperta essa necessidade transformando-a em desejo.

A **economia financeira** é a primeira que nos ocorre e, nesse sentido, toda sorte de poupanças, seguros e previdências privadas passam a ser ofertadas aos consumidores. Reveja o Exemplo 4.3, no Capítulo 4, em que um ator famoso indica um investimento.

Existe, no entanto, na caótica rotina de nossos tempos, outra forma de economia que interessa muito ao consumidor: a **economia de tempo**. Pratos congelados que ficam prontos em minutos, tecnologias bancárias que aceleram transações, compras *on-line* são exemplos nesse sentido.

Evasão psicológica

Quantas vezes você não "acordou" no meio de uma conversa, ou enquanto seu professor falava, ou, até mesmo, em meio a uma reunião de trabalho? Sim, todos os humanos adoram fugir para "outros lugares", mais agradáveis, mais belos, mais divertidos.

A evasão psicológica é uma necessidade – especialistas afirmam que é absolutamente necessário fugirmos, de vez em quando, da realidade para manter nossa sanidade mental e a capacidade de sonhar. Os apelos publicitários que evocam a fuga são, dessa forma, bastante eficientes, pois convidam o leitor para um "mergulho" na fantasia e na imaginação.

A fuga pode ser **ligeira**, projetando uma festa legal ou *una siesta* em uma confortável rede. Pode, de outra forma, oferecer uma experiência **mais complexa** aos sentidos, com cores, contrastes e formas que convidem o receptor da mensagem a interpretar sensações que estabeleçam vínculos chamados de *psicodélicos*.

Exemplo 5.4

A propaganda incorpora movimentos culturais e convoca à evasão, como no caso da peça do anunciante Fanta (ver *link*: <https://theoriesofviscomblog.files.wordpress.com/2016/08/wk-2-upload-orig.jpg?w=702>), com título (traduzido) "O alvorecer de uma nova era".

Saúde

O corpo é um templo, e a saúde, nosso maior patrimônio. Preocupação que, historicamente, ficava restrita aos mais velhos ou aos doentes, contemporaneamente, a saúde está na agenda de todos os grupos sociais e de todas as faixas etárias. A indústria publicitária percebeu a evolução do valor dado a essa necessidade e passou a estimular o desejo pela "juventude eterna", que povoa o imaginário de um grande universo de consumidores. Percebemos, aqui, os seguintes desdobramentos:

a) **Segurança**: os consumidores estão dispostos a investir na prevenção e a se proteger dos imprevistos, como é o caso dos planos de saúde.
b) **Disposição**: saúde é energia para enfrentar as rotinas estressantes, como é o caso de academias, isotônicos, energéticos etc.

c) **Longevidade**: esse discurso fixou-se na mente dos consumidores que querem, cada vez mais, soluções que "atrasem" o envelhecimento, como cremes "anti-idade" para a pele.

d) **Qualidade de vida**: uma obsessão contemporânea, todos querem a felicidade física, imediatamente. Nesse caso, citamos os produtos lácteos, como iogurtes *light* e os produtos naturais de maneira geral.

A beleza é um desejo maquiado de saúde, na forma de conceitos como equilíbrio e harmonia. A publicidade a associa, cada vez mais, com os ideais de saúde, como os *spas* e as clínicas, os emagrecedores. A *euforia publicitária*, conforme denomina Lipovetsky (2007, p. 30), estimula os desejos, "a sexualização dos símbolos e dos corpos" e define o consumo como um estilo de vida. Recorde o Exemplo 5.2 anterior, que une uma marca de cerveja e uma cantora famosa.

Exemplo 5.5

No anúncio que desejamos observar (ver *link*: <http://idcriacao.com.br/trabalhos.asp?sec=Institucional_01>), do segmento de bebidas não alcoólicas, cujo título é "*Se esse é o corpo que você pediu a Deus, essa é a água benta*", a mensagem associa um produto natural e saudável (água mineral) à projeção de um corpo perfeito (estereótipo), reforçando os laços que unem contemporaneamente saúde e padrões de beleza. A referência a temas religiosos é, também, sempre delicada, especialmente para um produto de apelo universal. O *slogan* recorda os atributos originais do produto.

Segurança

Esse tema acompanha a raça humana desde seus primórdios, atingindo, especialmente, aquelas sociedades mais vulneráveis às violências cotidianas. Também afeta cada um de nós em nossos medos particulares. A publicidade virá em socorro, aconselhando os públicos para as soluções mais adequadas:

a) A **segurança familiar** é a primeira das necessidades que merece nossa atenção, como as tecnologias que aperfeiçoam a sensação de segurança, por exemplo. Relembre o anúncio da marca Volvo, no Exemplo 4.1, no Capítulo 4.
b) Intimamente, nossa segurança precisa aparelhar-se para que possamos transitar com desenvoltura dentro dos nossos círculos de convívio, ou seja, temos de nos equipar para enfrentarmos os problemas do dia a dia. Estamos falando, por exemplo, de desodorantes e absorventes.
c) Em um mundo que nos espiona cada vez mais, queremos privacidade, por isso nos interessamos tanto pelos mecanismos de **segurança digital**.

É importante você sempre se lembrar de que os apelos são mais específicos e ligam-se aos formatos de abordagem, que são mais gerais:

1) Primeiro, defina o formato ou linha criativa mais adequada ao problema.
2) Depois, teste vários apelos e decida-se por aquele que melhor se enquadre ao formato de abordagem e, ainda, aos objetivos de comunicação e à busca por originalidade, sempre obedecendo ao **tema** de comando da campanha.

Você já percebeu que a criação publicitária propõe uma ação e projeta uma reação, portanto, interessam-lhe as ações psicológicas que os diferentes componentes do anúncio podem sugerir.

Nesse sentido, o redator publicitário não pode ignorar, em seu trabalho construtivo, que o receptor da mensagem precisa sair de um estado de passividade diante da mensagem para outro de decisão favorável. Trata-se das quatro etapas do processo publicitário, que veremos mais detalhadamente a seguir.

5.2
As etapas do processo publicitário

Pense o seguinte: no intervalo do trabalho, um cara (ou uma garota, tanto faz!) encontrou um tempo para ler o jornal. Ele não quer ver anúncios, mas ler as notícias do dia: da cidade, do país, do mundo. Esse é um primeiro desafio que toda propaganda tem: **deslocar o interesse do leitor**, fazendo-o perceber a mensagem publicitária.

O outro é a **disputa entre os muitos anúncios** que competem pela atenção do leitor.

Uma coisa é certa: o anúncio terá de, antes de qualquer outra coisa, vencer o interesse apenas secundário do leitor pelas mensagens publicitárias e, também, a competição entre todas as mensagens publicitárias. Assim, é preciso se destacar, fazer-se notar!

Vamos nos colocar no lugar do leitor? Entenda.

1) Primeiramente, como qualquer um, o leitor vai passar os olhos pelos anúncios publicitários de uma forma desinteressada; não vai focalizar, apenas "sobrevoar".

Nesse momento, tem muito valor uma qualidade inicial que toda boa peça deve ter: a **beleza estética**. Tudo que é agradável aos olhos desperta mais a nossa atenção. Então, uma boa exploração dos espaços, dos elementos que compõem o anúncio, pode tornar esse primeiro envolvimento mais fácil (eu sei, você já entendeu, aqui, que precisa de um bom diretor de arte ao seu lado!).

Mas não é só isso, não! O leitor, verbalmente, vai procurar por um título que desperte sua atenção e sua curiosidade, um gostinho de "quero mais". Essa é sua tarefa, redator! Não é à toa que os títulos estão sempre destacados em letras maiores, ocupando, normalmente, a faixa intermediária ou a parte superior da peça, indicando que ali está o início da "conversa".

Podemos afirmar, portanto, que o primeiro nível de envolvimento com o leitor é a **atenção**. E pode comemorar essa primeira vitória, pois é preciso competência para retirar o leitor de seu estado de desatenção diante da propaganda, fazendo-o saltar para dentro da mensagem.

Agora, chega de festejar! Vencemos uma batalha, mas ainda tem muito chão pela frente!

Importante

O excesso de informação de nosso tempo pode estar criando, como consequência, uma pobreza de atenção. Sobre isso alertam Palacios e Terenzzo (2016, p. 9): "A missão de cativar a atenção está cada vez mais difícil. 'O nível de concentração caiu de 12 para 8 segundos', afirma o Statistic Brain".

A atenção do leitor é fundamental, mas ele ainda está longe de se decidir pela compra. Lembre-se de que muitas coisas chamam nossa atenção durante o dia, mas logo se dissolvem. É como aquele colega seu que sempre chega atrasado. Todos olham para a porta quando ela se abre, mas logo percebem que não é nenhuma novidade e a atenção se dispersa. Assim é a relação do anúncio com o leitor nesse nível inicial de envolvimento: muito frágil.

2) Precisamos, imediatamente, levar o leitor a outro nível de envolvimento, antes que aquele encantamento inicial se desfaça. Precisamos torná-lo interessado pelo que estamos oferecendo. É o nosso objetivo imediato.

O leitor (potencial consumidor) está um pouco mais atento e, nesse momento, as palavras serão muito importantes. Precisaremos lhe apresentar um primeiro argumento, desenvolver aquela informação atrativa que o título apenas citou. As qualidades do produto, seus benefícios, conduzem o receptor para um novo estágio de envolvimento: o interesse pelo que estamos anunciando.

O segundo nível, você já percebeu, é o **interesse**.

3) Consumidores interessados já estão mais próximos da adesão, mas nós sabemos que interesse não significa compra. Quantas vezes não nos interessamos por um produto, mas aí surgem os freios (Terá utilidade? Trará benefícios? O preço é acessível?), que podem "vencer" as motivações e nos fazer desistir da compra.

A relação entre a mensagem e o leitor está, nesse momento, naquela situação que todos nós conhecemos: você está interessado/interessada por aquela garota ou por aquele rapaz, mas isso não significa que vai pedi-la(lo) em namoro. É preciso saber mais antes de se convencer e tomar a decisão. Algum detalhe pode quebrar o encanto, então, precisamos agir logo!

Um leitor interessado é alguém que já está mais sensível ao que lhe dizemos e mostramos. As palavras, aqui, apoiadas pelas imagens, devem estimular o leitor. Para isso, vamos lançar mão de nossa melhor arma: o argumento principal – mais ação, mais paixão, mais ganhos, mais... –, aquilo que nos diferencia de toda a concorrência. Nesse momento, o leitor estará seduzido pela nossa oferta.

O terceiro nível é, portanto, o do **desejo**.

4) Estamos quase lá! Mas ainda falta algo muito importante. Colocar o receptor da mensagem, nosso potencial consumidor, em uma situação de desejo já é motivo de alegria, contudo, muitas vezes, o consumidor sofrerá a ação de freios que tentam resistir ao apelo sedutor. Para ultrapassar essa última barreira, é preciso estimular o movimento, a **ação** do consumidor, propondo uma atitude (recorde o Exemplo 2.2, no Capítulo 2).

Para saber mais

Para conhecer um pouco mais a respeito de nossa relação com a sedução, indicamos a obra *Da sedução*, de Jean Baudrillard, em que o autor reflete sobre o medo de ser seduzido e como esse poderoso artifício desloca a verdade e desafia o modelo de racionalidade.

BAUDRILLARD, J. **Da sedução**. Tradução de Tânia Pelegrini. 5. ed. Campinas: Papirus, 2004.

Figura 5.3 Mensagem de mãos dadas com o leitor

A imagem da criança nos ombros do pai, olhando fixamente na direção do leitor e propondo uma cumplicidade, naturalmente, atrai a **atenção** de diferentes grupos de consumo. O título, no alto da peça, divide-se em dois registros que formam uma linha do tempo. No primeiro, lê-se: "5 anos. Papai, por que anoitece? Por que as nuvens voam? Por que os pássaros piam? Por que a bailarina dança na ponta do pé?". O segundo registro (ao final da linha do tempo): "15 anos. Pai, você não sabe nada". As perguntas típicas da infância aprofundam o envolvimento, fazendo o leitor **interessar-se** mais. A passagem do tempo convida a uma reflexão.

O texto – "Seus filhos crescem em um piscar de olhos. Pisque menos" –, sintético, não está preocupado em expor as qualidades do produto, mas em remeter ao passado ou projetar um futuro, em emocionar o leitor, provocando o **desejo** de vivenciar aquele momento. Indiretamente, reforça um atributo comum aos cafés, manter-se acordado, mas o faz de maneira sentimental e envolvente. O desfecho, "Pisque menos", sugere uma **ação**, encerrando o percurso de quatro etapas do processo publicitário.

A mensagem enxuta e camuflada (no sentido da venda) é competente na ancoragem palavra/imagem e, de forma sintética e emocional (argumentação), convida o leitor (função conativa) a percorrer o caminho, induzindo-o a uma conclusão favorável: a associação da marca com momentos especiais da vida em família, que fortalecem laços com o consumidor e facilitam as decisões de compra.

> Você já deve ter percebido que o discurso da publicidade não apenas promete, mas também sugere, convida, ordena: *experimente, ligue, saboreie, faça*. São palavras e frases que convidam ao movimento do leitor, como vimos no Exemplo 2.4, no Capítulo 2.
>
> Atenção: essa "ordem" de consumo nunca poderá ser explícita ou direta, afinal ninguém gosta de receber ordens (reveja a Figura 3.2). Deverá, ao contrário, apresentar-se como uma ideia interessante, uma sugestão, um convite.

Recordando, assim ficou a sequência:

1) Chamar a **atenção**.
2) Despertar o **interesse**.
3) Estimular o **desejo**.
4) Convidar à **ação**.

Portanto, como vimos, são quatro etapas que definem o processo publicitário de envolvimento do leitor e de superação das forças opositoras: "A publicidade (ou o vendedor), conseguindo levar o consumidor a esses estados mentais, terá, como consequência, a concretização da venda" (Sant'Anna; Rocha Júnior; Garcia, 2009, p. 83).

Criado por St. Elmo Lewis há mais de um século (1898), o **percurso AIDA** – acrônimo de *Atenção*, *Interesse*, *Desejo*, *A*ção – busca compreender o processo de decisão de compra e continua sendo peça-chave para entender as atitudes do consumidor em nosso tempo. O redator publicitário pode utilizá-lo como um parâmetro de verificação da capacidade que a mensagem tem para ultrapassar com competência cada um dos estágios de envolvimento até a decisão de compra.

Perguntas & respostas

Pergunta: Diante de tantas estratégias que estimulam desejos e projetam reações comportamentais, é possível afirmar que a publicidade exerce um poder quase que absoluto sobre seus receptores?

Resposta: É importante frisar que a mensagem publicitária, ao contrário do que pensam muitos de seus críticos, não tem poder total sobre as decisões do consumidor. É, nesse sentido, uma técnica de vendas, poderosa em seus mecanismos de estímulo, mas limitada sempre pela autonomia de escolha de cada um dos indivíduos expostos à sua mensagem e por princípios e códigos que guiam sua ética.

5.3
Os gêneros de texto no discurso publicitário

Perceba que estamos nos aprofundando nas decisões criativas que afetam nosso processo de trabalho: a estratégia, que forma o conceito; o tema publicitário, que sintetiza e comanda a criação; os formatos ou linhas criativas; os apelos básicos; e o modelo AIDA. Precisamos, no entanto, decidir também qual o tipo de texto que melhor se encaixa na conversa que vamos propor, ou seja, qual o estilo de texto que queremos apresentar ao leitor.

O texto publicitário é um texto de vendas, conversador e persuasivo, portanto, sem pretensões artísticas de pertencimento ao gênero literário, no sentido de querer eternizar-se em sua beleza. Porém, não nos esqueçamos de que ele é uma forma híbrida que devora outros estilos de texto para encontrar o melhor diálogo com seu público.

Dessa forma, o texto publicitário refaz tipologias de texto tipicamente literárias, como a **descrição**, a **narração** e a **dissertação**, que também são comuns em outras áreas, absorvendo-as em nome de um estilo organizado e seguro de comunicação verbal.

5.3.1
A descrição

A mensagem publicitária nunca perde de vista seu objetivo fundamental: vender (um produto, uma ideia, uma atitude). Para isso, faz uma série de oferecimentos que buscam motivar o receptor para uma decisão favorável de compra.

Em suas conversações, é bastante comum vermos a tentativa de qualificação do produto que está sendo oferecido, ou seja, a mensagem enumera as qualidades e os benefícios do produto ou serviço. Será importante, nessas situações, **descrever o produto** para que o leitor possa "enxergá-lo" melhor. A descrição define os traços característicos do objeto.

Fique atento!

Mas não é só o produto que a publicidade precisa descrever, também toda a cena: a casa, a família, a mesa do jantar, como neste exemplo hipotético: a sala de jantar parecia congelada no tempo, meu pai sentou-se à cabeceira da mesa, as toalhas eram de um vermelho intenso e contrastavam com a brancura dos pratos.

Normalmente, a imagem sensorial que mais aparece nas descrições é a visual, pois somos muito "imagéticos", assimilamos grande quantidade de informações, cotidianamente, via imagens. E, aqui, temos uma boa notícia: o texto publicitário conta (quase) sempre com o luxuoso auxílio (bastante visível nas mídias impressas) das imagens, dos desenhos, da fotografia. As imagens, como vimos quando abordamos o processo de ancoragem, no Capítulo 3, são vetores comunicacionais mais eficientes para a representação de pessoas e objetos, já as palavras são superiores quando queremos definir ideias e conceitos (Meserani, 2001).

Assim, as palavras não desenham, por exemplo, uma praia ao amanhecer, mas podem sugerir ondas, areia e o nascer do sol, deixando a montagem do cenário para a imaginação do leitor.

Assim, o texto publicitário **descreve para criar imagens mentais** no receptor: um sanduíche suculento, um saboroso copo de suco, uma caminhada pela praia, o rosto de um homem feliz etc.

Nesse sentido, escolha corretamente as palavras com as quais quer descrever a cena, seja poético para explorar as emoções humanas e seja objetivo quando quiser listar os benefícios que o produto oferece. Uma descrição eficiente faz com que o leitor mergulhe mais facilmente na apresentação das qualidades do produto e que compreenda melhor as vantagens que se quer destacar. Para Meserani (2001), uma boa descrição depende de adjetivos – *macio, salgado, quente* – e toda palavra é capaz de sugerir a tonalidade ou a intensidade de uma ação – por exemplo, *comer, devorar, saborear*. Para o autor, verbos, adjetivos e substantivos bem escolhidos ajudam na descrição e caracterizam melhor o objeto que se quer descrever.

Fique atento!

A forte relação que temos com as imagens não pode, contudo, impedir que exploremos os outros sentidos: os sons que fazem parte de nossas experiências acústicas, aqueles produzidos pelo homem e outros produzidos pela natureza; os aromas que nos deliciam e aqueles que nos causam repulsa; os sabores, a intensidade de determinado alimento, as memórias da infância; as experiências táteis, a pele sendo acariciada, a textura da seda. Todas as experiências sensoriais podem (e devem) ser exploradas pelo redator para que o texto aproxime o produto das vivências do consumidor.

Quem não lembra do *jingle* criado para o Big Mac, sanduíche da rede McDonald's, que descrevia os ingredientes e instigava o apetite dos ouvintes?

"Dois hambúrgueres, alface, queijo, molho especial, cebola e picles num pão com gergelim. É Big Mac!" (Coutinho, 2011).

5.3.2
A narração

Na tipologia anterior, descritiva, o texto publicitário concentra-se nas características dos objetos para que o leitor o imagine, utilizando as palavras e as frases mais apropriadas para que ele compreenda.

Na narração, ao contrário, a criação publicitária tentará contar uma história e, dentro dessa narrativa, influenciar o leitor.

A opção pela narração exigirá que você, redator, estruture seu discurso em torno de um **acontecimento**, que ganha vida pela participação de uma **personagem** (já falamos sobre a composição da personagem no Capítulo 4).

Vamos explicar melhor. Se queremos, predominantemente, contar uma história para oferecer um produto, precisaremos:

1) de uma **personagem que produza um acontecimento** a partir de uma ação: alguém com fome que vai "assaltar" a geladeira durante a noite e é descoberto, decide, então, que precisa mudar seus hábitos alimentares;
2) ou o contrário, que **um fato ocorra e atinja uma personagem**: a notícia de que alguém está "assaltando" a geladeira mobiliza a família, que descobre o "ladrão", e essa descoberta afeta o comportamento da personagem.

Tais ações e reações entre acontecimentos e personagens são chamadas de **ação narrativa** (Meserani, 2001). As ações se entrelaçam, formando um enredo para o envolvimento emocional do leitor. O **tempo** (passado, presente, futuro) e o **espaço** (ambiente onde transcorre a cena) também serão importantes na construção da narrativa.

Na publicidade, é importante destacar que serão enredos simples, que possam ser contados em poucas linhas e sejam facilmente compreendidos pelo leitor; porém, devem ser histórias provocantes e envolventes, como no exemplo a seguir: a menina que ganha o primeiro sutiã e esse fato simboliza o passaporte para uma nova etapa da vida (eternizada na campanha da *Valisére*, criada por Washington Olivetto, marco da propaganda brasileira).

Figura 5.4 Contar uma história e incluir uma marca

A construção da personagem é parte importante da narrativa, razão por que vamos recordar: precisamos definir o perfil físico, as condições sociais e o perfil psicológico. Quando "construímos" a personagem, conseguimos entender as ações e reações, controlamos melhor a história e os objetivos comerciais nela presentes.

Por fim, não se esqueça de que a personagem é uma representação do anunciante, e seus traços de personalidade e ações realizadas sempre terão como objetivo dignificar o produto e a marca, criando, no consumidor, uma memória positiva.

Importante

O processo de massificação das informações, que também afeta a indústria publicitária, faz com que publicitários e profissionais de *marketing* busquem, constantemente, novas formas de diálogo com o consumidor. Reelaborando a antiga tradição da "contação de histórias", desenvolveu-se uma técnica narrativa denominada *storytelling*, que, integrada ao discurso da campanha, conta uma história relevante (que envolve os valores ou a própria história do anunciante) e aproxima o leitor das experiências sugeridas pela marca. É um discurso narrativo que circula por diferentes plataformas buscando relacionamento.

Para Palacios e Terenzzo (2016, p. 2-3), a história humana registrou muitas aventuras que tinham como função transmitir conhecimento e "as histórias geravam a identidade de tribo". Atualmente, as conversas entre consumidores e empresas intensificam-se com as redes sociais, exigindo novas formas de transmissão de conteúdos: "Verdadeiras e boas narrativas podem encantar multidões e despertar muito mais interesse que qualquer fato, dado ou tabela" (Palacios; Terenzzo, 2016, p. 4).

5.3.3
A dissertação

Já vimos que modelo descritivo tenta ser preciso na "visualização" do objeto e que o modelo narrativo conta uma história em que o produto tem papel central na trama. Resta-nos, agora, compreender o modelo dissertativo.

Podemos afirmar que, nos dois primeiros tipos, o tom poético e a atmosfera ficcional são importantes para a exposição da ideia, ao passo que a dissertação exigirá uma dominância da racionalidade, que apresenta provas para derrotar resistências.

> **Fique atento!**
>
> A dissertação afirma de forma contundente e atua para a crença de sua veracidade. Uma suposta verdade sustentada pelo raciocínio lógico (gráficos, tabelas, pesquisas) para se chegar a uma conclusão.

O texto dissertativo tanto pode ser objetivo e fundamentado por teorias quanto subjetivo e orientado por reflexões baseadas na experiência. Argumenta-se partindo das questões gerais (o tema da higiene, por exemplo) para chegar ao particular (a limpeza de sua casa). Nesse caso, o texto publicitário utiliza argumentos dedutivos, ou seja, aqueles que deixam o leitor **deduzir** e chegar a uma conclusão. Mas também podem partir de uma situação particular (determinado caso de limpeza doméstica) que exemplifica o que acontece de forma geral. É um argumento que **induz** o leitor a generalizar uma conclusão, aceitando-a como uma (suposta) verdade universal.

O texto dissertativo publicitário também é categórico nas verdades que afirma. Apresenta provas **com base em pesquisas** (uma lâmpada com nova tecnologia testada e aprovada, mais durável e econômica) e pode partir **do geral para o particular** (funciona em diferentes tipos de instalações elétricas, inclusive na da sua residência), ou **do particular para a generalização** (foi eficiente para uma pessoa em uma casa com um problema muito parecido com o seu, então, funcionará para todos).

Fique atento!

Uma característica da redação publicitária é a fusão das tipologias textuais como um recurso para a eficácia da mensagem. Então, em um mesmo texto publicitário é possível encontrar a descrição do produto, a narração de uma história e a apresentação de uma prova (objetiva ou subjetiva). Defina apenas qual o tipo predominante para que possa redigir com a segurança de quem conhece o caminho e sabe aonde quer chegar.

Os Capítulos 4 e 5 apresentaram tópicos relevantes do **processo de criação na publicidade**. Assim, você pôde compreender que a dimensão criativa não trata "apenas" da produção das ideias, mas também da organização das informações em relação ao problema e aos objetivos de comunicação, ou seja, criar publicitariamente significa criar a partir de bases seguras – definição antecipada das promessas e demais orientações estratégicas que se façam importantes para que o processo criativo não se perca de suas metas nem enfraqueça seu discurso.

> Resumindo: construído o conceito, vamos sintetizá-lo em uma frase criativa, o tema. Definidos conceito e tema, vamos tratar da ideia e escolher um formato de abordagem. Em seguida, devemos testar qual o apelo mais consistente e qual o tipo de texto mais adequado, entre tantos detalhes importantes, como o tom da mensagem e a relação das palavras com a proposta visual (ancoragem).

O que queremos dizer é que a criação publicitária é um exercício delicioso de produção e seleção de ideias, mas não pode ser nunca um processo anárquico: "Portanto, 'pensar ao contrário' não significa esquecer a adequação e a pertinência das propostas" (Vieira, 2003, p. 42).

Observe as etapas de trabalho, organize sua estratégia e, é claro, dê asas à sua imaginação, para, depois, aterrissar e caminhar para o produto final: a campanha publicitária.

É o que veremos no próximo capítulo: as ideias "amarradas" em torno de uma campanha, os tipos de campanha e, ainda, algumas dicas valiosas sobre treinamento criativo.

Síntese

Neste capítulo, trabalhamos os tipos de textos aplicados à publicidade. Destacamos que a mensagem publicitária parte das necessidades para os desejos humanos e que o processo publicitário precisa do envolvimento do leitor. Também abordamos a sequência lógica dos elementos que levam ao convencimento, denominada *percurso AIDA* – acrônimo formado pelas letras iniciais das seguintes palavras: **a**tenção, **i**nteresse, **d**esejo e **a**ção. Por fim, tratamos da dimensão criativa, processo que, em criação publicitária, exige organização, informação, imaginação e dedicação.

Questões para revisão

1) Em homenagem aos 100 anos da Associação Brasileira de Imprensa (ABI), ocorrido em abril de 2008, foi veiculada peça com o seguinte texto:

"A vírgula. A vírgula pode ser uma pausa. Ou não. Não, espere. Não espere. A vírgula pode criar heróis. Isso só, ele resolve. Isso, só ele resolve. Ela pode forçar o que você não quer. Aceito, obrigado. Aceito obrigado. Pode acusar a pessoa errada. Esse, juiz, é corrupto. Esse juiz é corrupto. A vírgula pode mudar uma opinião. Não quero ler. Não, quero ler. Uma vírgula muda tudo. ABI. 100 anos lutando para que ninguém mude nem uma vírgula da sua informação" (ABI, 2008).

Considerando o anúncio mencionado, avalie as afirmações a seguir.

I) Uma pontuação inadequada pode mudar completamente o significado daquilo que se quer expressar, colocando em risco a correta interpretação da mensagem publicitária.

II) A mensagem deixa clara a posição de firmeza do anunciante ABI em defesa do fato jornalístico.

III) Mensagens publicitárias precisam experimentar diferentes formas de diálogo e instigar, sempre que possível, novos aprendizados aos seus públicos.
O anúncio anterior, pode-se afirmar, enquadra-se nesse perfil.

É correto o que se afirma em:

a) I, apenas.
b) II, apenas.
c) III, apenas.
d) I e III, apenas.
e) I, II e III.

2) O assunto é *storytelling*, a arte de contar histórias e encantar pessoas: "[...] uma única história pode gerar diversas narrativas. Deste modo, o autor pode ajustar a abordagem e a linguagem para cada perfil de público a ser engajado. Uma história bem pensada e articulada pode atuar cirurgicamente junto à visão de mundo e assim enquadrar-se perfeitamente ao padrão de pensamento de um determinado público de interesse. É possível combinar elementos de pessoas reais que possuam as características deste público no momento de criação de um personagem fictício da história" (Palacios; Terenzzo, 2016, p. 121).

Considerando as afirmações dos autores, avalie as seguintes posições a seguir:

I) Quando os autores afirmam que uma história se desdobra em diversas narrativas, estão querendo dizer, por exemplo, que a ideia pode sofrer adaptações de acordo com as expectativas de cada público-alvo.

II) A visão de mundo de um público é inflexível e, portanto, as histórias não podem ser alteradas, pois afetariam os padrões de pensamento dos diferentes públicos.

III) Um personagem ficcional pode agregar valores culturais e traços comportamentais de pessoas reais, criando um vínculo mais forte com determinado público.

É correto o que se afirma em:
a) I, apenas.
b) III, apenas.
c) I e III, apenas.
d) II e III, apenas.
e) I, II e III.

3) O percurso AIDA é um bom parâmetro de verificação da competência da criação publicitária para ultrapassar cada um dos estágios até a decisão de compra. Sobre esses níveis, é **incorreto** afirmar:
a) A atenção define o envolvimento inicial com o leitor e precisa deixar um gostinho de "quero mais".
b) A atenção conquista o leitor, principalmente pelo olhar, ao passo que o interesse ganha força com as primeiras palavras.
c) Os argumentos que qualificam o produto empurram o leitor para um nível de desejo.
d) No nível do desejo, os freios já não derrotam mais as motivações.
e) A ação estimula o movimento, uma atitude por parte do leitor.

4) A pirâmide de Maslow apresenta a evolução das necessidades. Vejamos um exemplo: o produto água mineral. A primeira das necessidades é a fisiológica e poderia ser traduzida pela necessidade primitiva que todos temos de ingerir água para a sobrevivência. As sociedades, no entanto, foram evoluindo suas necessidades, então, podemos afirmar que a água mineral pode ser tratada, publicitariamente, no âmbito da segurança, das relações sociais, da autoestima e da necessidade de autorrealização. Reflita e comente cada uma dessas quatro etapas.

5) O apelo pela atividade pode ser dividido em duas porções: atividade física e atividade mental. Recorde e comente um anunciante que explore a primeira forma e outra marca que encare a atividade em seu plano mental.

Mãos à obra

1) Quando a intenção é obter uma imagem mental, vamos de **descrição**. Se pretendemos contar uma pequena história, nossa escolha é a **narração**. E se queremos demonstrar algum funcionamento reduzindo questionamentos, nosso caminho é a **dissertação**. Você deve explorar todas essas tipologias, mas, aqui, teremos de fazer uma escolha. Vamos **descrever** usando os sentidos:

Você participou de um jantar incrível. Descreva os aromas, os sabores e as texturas dos alimentos, faça comparações, recorra à memória (evite a descrição visual). O texto deve ser um pouco mais longo (entre 15 e 20 linhas). Ao final, escolha um fabricante de alimentos ou um restaurante para assinar a mensagem.

2) Agora que você já tem o corpo de texto, crie um título e monte uma peça para revista (página dupla). Vamos ver como fica!

3) O anunciante gostou de sua descrição do jantar, então seu Diretor de Criação lhe encomendou uma série de 4 *outdoors*, em sequência, em uma grande avenida de sua cidade. Escolha um apelo (apetite é o mais óbvio, mas pode ser evasão psicológica, amor à família etc.) e utilize para cada peça um dos momentos do processo AIDA (atenção, interesse, desejo, ação). Você deve sintetizar seu texto em 4 frases impactantes.

Condição: Você só pode utilizar imagem na última peça, quando apresentará o produto e convidará à ação!

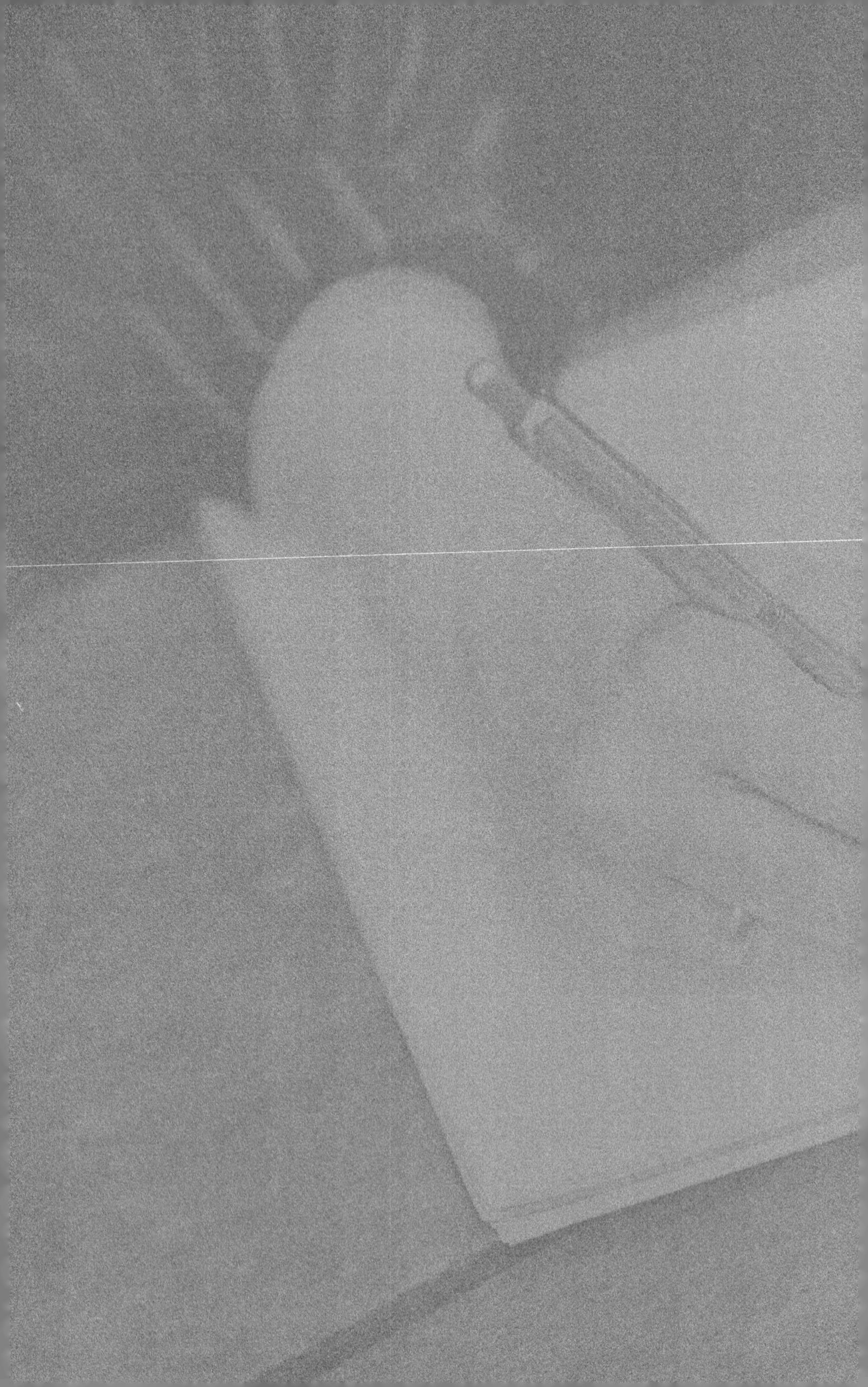

6
Campanha publicitária e desenvolvimento criativo

Conteúdos do capítulo

- Características de uma campanha publicitária.
- Tipos de campanha.
- Dimensões da criatividade.

Após o estudo deste capítulo, você será capaz de:

1. reconhecer as características que definem uma campanha publicitária;
2. identificar os tipos de campanha publicitária;
3. perceber a criatividade como um processo para se chegar ao produto criativo;
4. compreender que, em publicidade, a sensibilidade soma-se à informação e à técnica para o alcance de resultados criativos;
5. relacionar os procedimentos das técnicas criativas.

Chegamos àquele que é o ponto alto de todo o trabalho criativo na publicidade, a criação de uma **campanha publicitária**. É a grande fase da dupla de criação, nosso grande momento, redatores!

E por que é tão importante?

Porque criar uma campanha publicitária significa dominar, com clareza, todas as etapas do trabalho criativo, perceber a importância das informações, da conversa com as outras áreas da agência, da afinação com sua dupla ou equipe de criação e dos cuidados na elaboração da estratégia criativa, bem como explorar as diferentes técnicas de geração e desenvolvimento de ideias, enfim, é o momento em que você, redator, vai mostrar para o mercado suas habilidades e seus talentos e, principalmente, seu profissionalismo.

Vamos, então, analisar tudo isso, começando pela visão das etapas que envolvem o processo de desenvolvimento de uma campanha publicitária.

É um processo composto de, ao menos, três etapas:

1) a compreensão do *briefing* – o documento que organiza as informações pertinentes;
2) a fase da criação das peças, sempre orientadas pelo conceito/tema;
3) o acompanhamento da veiculação da campanha e as avaliações e os ajustes.

Antes de prosseguirmos, alguns esclarecimentos são importantes:

a) Uma campanha publicitária diferencia-se do anúncio isolado. Uma campanha é uma **reunião de peças** destinadas a várias mídias – pode incluir peças *on-line* e/ou *off-line*, peças relacionadas às mídias tradicionais e/ou *nomidia*, ou, ainda, peças audiovisuais e/ou peças impressas. As possibilidades e combinações dependem sempre do planejamento de comunicação e do orçamento disponível.

> O objetivo desta obra é o de destacar a redação publicitária dirigida aos meios impressos e, portanto, nossas observações são mais voltadas para esse grupo. Contudo, os comentários também podem servir (com as adequações necessárias) para outros grupos e plataformas.

b) A campanha precisa apresentar **coesão** entre suas peças, ou seja, estar integrada entre si e alinhada aos objetivos de comunicação. As peças de campanha estarão, portanto, "amarradas", o que significa uma mesma **coerência** visual e verbal entre as peças.

c) O **tema** vai "amarrar" todas as peças de campanha, pois ele sintetiza todas as informações em uma frase de comando, com força para unir e produzir identidade ao conjunto. Além disso, um bom tema colabora com o processo persuasivo ao orientar o discurso para soluções que serão eficientes e criativas, provocando empatia com o público-alvo e fortalecimento da marca na mente dos consumidores (ao menos, é o que se deseja!). "A grande vantagem da campanha de propaganda é essa integração entre suas peças, evitando canibalização entre as mensagens" (Sampaio, 2013, p. 204).

d) Uma campanha que se provou eficaz pode e deve prosseguir por mais tempo, projetando novas etapas e estabelecendo novas metas. Os elementos básicos serão preservados por meio dos ajustes e das atualizações que se façam necessários. **Um bom tema é um bem valioso** e não precisa, necessariamente, ser descartado ao final do projeto. Ele pode evoluir, consolidando-se como uma expressão discursiva (rapidamente compreendida pelo consumidor) daquele produto ou serviço durante longo tempo, até que, por fim, esgote suas capacidades. O tema da marca de cerveja Skol vem se renovando ao longo dos anos e demonstrando grande potencial criativo para a comunicação da marca (exceção feita à crítica anotada no estudo de caso do Capítulo 4).

Perguntas e Respostas

Pergunta: É possível utilizar os mesmos títulos, corpos de textos e relações de ancoragem em todas as peças a fim de manter a coerência?

Resposta: Não. Coerência não significa utilizar os mesmos títulos, corpos de textos e relações de ancoragem para todas as peças, mas adequar o conteúdo verbal e o visual às potencialidades e limitações de cada mídia.

No Capítulo 4, já tratamos sobre o tema publicitário. Sabemos que o tema é a **síntese criativa** daquilo que de mais importante queremos enviar ao leitor da mensagem, ou seja, a melhor forma de abordar nossa principal promessa, aquilo que nos diferencia da concorrência, uma "qualidade notável", como destacam Hoff e Gabrielli (2004, p. 36). Tudo resumido em uma frase que tenha a capacidade de unificar e oportunizar soluções originais ao discurso.

6.1
Os tipos de campanha

Sabemos que uma campanha constitui-se em uma força publicitária, pois unifica o discurso, utilizando diversas mídias em diferentes etapas de veiculação com o objetivo de potencializar a mensagem, direcionando-a ao público-alvo de uma forma impactante e persuasiva.

Também sabemos que os discursos de campanha são orientados pelos objetivos, de forma que a comunicação atinja suas metas da maneira mais eficiente, o que significa dizer que os diferentes objetivos – lançar ou consolidar um produto; apresentar um novo serviço; tornar uma marca mais conhecida; anunciar uma promoção; reposicionar a imagem; reduzir a sazonalidade, entre outros – determinam formas diversas de conversação com o leitor. Assim, a publicidade foi, ao longo de seu desenvolvimento, criando tipos de campanha com características específicas e norteadoras do diálogo com o consumidor.

As campanhas podem ser divididas entre as destinadas à **venda** de um produto ou serviço e as que se dedicam à **imagem** da marca, chamadas de *institucionais*. Conheça um pouco sobre cada uma delas a seguir.

1) Campanhas de vendas

As campanhas ditas "de vendas" são aquelas entendidas como campanhas tradicionais da publicidade, pois, no mais das vezes, são estas as metas que se quer alcançar: vender mais, girar o estoque, motivar as equipes de vendas. A publicidade também persegue outros objetivos de relacionamento da marca com seus consumidores em seus aspectos sociais e ambientais, por exemplo, mas é inegável que o alto nível concorrencial e a permanente pressão por resultados direcionam boa parte da energia publicitária para a veiculação de mensagens cujo resultado esperado é o incremento das vendas. São elas: de produto, promocional, cooperada e de incentivo.

a) **De produto**: objetivam divulgar o produto/serviço exibindo suas qualidades e seu diferencial para conduzir o consumidor à decisão de compra. Podem ser aplicadas para lançamento, sustentação ou reposicionamento. As campanhas políticas apresentam traços característicos de campanha de venda de produto (ou seja, venda do candidato ao eleitor).

b) **Promocional**: buscam fazer um oferecimento para além dos benefícios do produto. Apresentam uma vantagem diante dos produtos concorrentes que pareça irresistível, induzindo a uma escolha: sorteios, brindes, vale-brindes, concursos, raspadinhas, descontos, amostras, degustações etc. Atuam fortemente no ponto de venda como forma de aproximação com o potencial consumidor.

Sampaio (2013) sugere um desdobramento desse tipo de campanha, a que denomina *promocional de vendas*, focada, exclusivamente, nas ações de redução de preço: liquidações, saldos etc.

Fique atento!

As campanhas de **varejo** guardam características dos dois tipos indicados anteriormente, pois oferecem produtos e serviços e, ao mesmo tempo, amarram benefícios a prazos (pontuais) de validade, estimulando o impulso do consumidor.

c) **Cooperada**: campanhas que reúnem fabricante e revendedor, exibindo ambas as marcas e estabelecendo, na mente do consumidor, uma parceria sólida. Um exemplo desse tipo de campanha ocorre com fabricantes de cerveja e botequins, ou com montadoras de automóveis e concessionárias.

d) **De incentivo**: não alcançam o público consumidor, pois seu âmbito é interno. Objetivam uma comunicação direta com vendedores, lojistas e demais profissionais da estrutura de vendas. Buscam não apenas melhorar o ambiente interno e a relação com os consumidores, mas também motivar com prêmios a superação de metas preestabelecidas.

2) Campanhas institucionais

As campanhas institucionais procuram, ao menos em um primeiro momento, ignorar o discurso de vendas, dando lugar a mensagens que visem ao fortalecimento da relação marca/consumidor. Mostram ações de caráter cultural, ambiental, educacional e filantrópico da **marca** e dos produtos que fabrica – como um projeto que apoia comunidades indígenas ao estimular a extração sustentável de determinada planta. Esse engajamento em temas de interesse, que vão do local ao global, busca produzir confiança e credibilidade, evoluindo a relação para patamares superiores de conversação. A campanha institucional caracteriza-se por esse esforço comunicacional, cada vez mais necessário e legítimo nas relações com consumidores contemporâneos, mais críticos e conscientes. Esse tipo de campanha pode ser dividido entre as que se dedicam, exclusivamente, ao trabalho de relacionamento e memorização da marca com seus consumidores e as que especificam suas ações e benefícios prestados à sociedade. Sampaio (2013, p. 115) define assim as ações de responsabilidade corporativa que estabelecem as atribuições da propaganda institucional: "tem a missão de promover as realizações e posições destas organizações, construindo e mantendo sua reputação em nível elevado". Governos e organizações não governamentais (ONGs) promovem discursos sociais que se enquadram nessa tipologia.

Figura 6.1 Peça de campanha publicitária – "deslançamento" Kombi

Vai aí a Kombi.
Em breve, em nenhuma concessionária perto de você.

Todo carro merece um anúncio de lançamento. Mas só um ícone como a Kombi merece também um anúncio de deslançamento.

Isso mesmo, a última Kombi do mundo será fabricada no final deste ano. E, como toda Kombi, já vai sair sem computador de bordo, sem airbag, sem freios ABS, sem painel touchscreen. Mas com estilo retrô e charme de fábrica.

O carro que fez diferença na vida de tanta gente está se aposentando, mas vai deixar muitas lembranças. Conte a sua no site vw.com.br/kombi.

Vem aí, ou melhor, vai aí a Kombi. O deslançamento menos esperado da indústria automobilística mundial.

Das Auto.

© Volkswagen

Título: Vai aí a Kombi. Em breve, em nenhuma concessionária perto de você

Corpo de texto: "Todo carro merece um anúncio de lançamento. Mas só um ícone como a Kombi merece também um anúncio de deslançamento. Isso mesmo, a última Kombi do mundo será fabricada no final deste ano. E, como toda Kombi, já vai sair sem computador de bordo, sem *airbag*, sem freios ABS, sem painel *touchscreen*. Mas com estilo retrô e charme de fábrica. O carro que fez diferença na vida de tanta gente está se aposentando, mas vai deixar muitas lembranças. Conte a sua história no *site vw.com.br/kombi*. Vem aí, ou melhor, vai aí a Kombi. O deslançamento menos esperado da indústria automobilística mundial".

Slogan: Das Auto.

A comunicação apresenta uma primeira peça de campanha que informa o final da produção do modelo Kombi (produzido desde 1957). A campanha apresenta-se como institucional de marca, ainda que subsista uma mensagem de venda (último lote de modelos produzidos). A mensagem quer resgatar memórias e fortalecer os vínculos da marca Volkswagen com seus públicos. Um *hotsite*, complementar às peças impressas, reuniu histórias e experiências de antigos e atuais usuários que puderam compartilhar fotos e vídeos.

O texto mais parece um "antitexto" da publicidade, pois recorda as próprias fraquezas do carro ("sem computador de bordo, sem *airbag*"), anuncia o fim (e não o começo ou o recomeço), cria até um novo termo: *deslançamento*. Mas o humor que ri de si mesmo é intencional (e o leitor sabe!) e servirá para disfarçar/realçar o tom emocional (este sim, o elemento dominante da mensagem). A criatividade linguística passeia por todo o texto com a liberdade plena que o objetivo (incomum) de comunicação oferece. O formato de abordagem é o da **notícia**, que informa um fato (o fim da Kombi), mas o que sobressai é a **glamourização** de um veículo amado por sua simplicidade, mas com o *status* de uma experiência única e insubstituível. A linha criativa, mesmo sem citações diretas, satiriza o **conforto** e a **beleza** e estaciona seu desejo na **evasão psicológica** e, principalmente, no **amor à família** (que inclui o círculo de amigos).

Figura 6.2 Peça de campanha com abordagem testemunhal

Os últimos desejos da Kombi.

O corpo de texto, como você pode observar, é extenso – sem problemas, se aquilo que você vai dizer é útil ou interessante ao leitor. Em formato de testamento, o modelo agradece o carinho dos fãs e lista seus últimos desejos. Então, vamos saborear só um pequeno trecho:

> "Por isso, decidi que não posso ir embora sem retribuir de alguma forma a estas pessoas tão especiais, que fizeram parte da minha vida. Escrevi uma lista com meus últimos desejos que gostaria de ver realizados antes de partir. Minha humilde homenagem a quem sempre esquentou o meu coração e o meu banco do motorista".

O texto segue nominando fãs que contaram suas histórias no *site* da empresa (sempre dentro de uma Kombi) e vão receber algum presente, uma herança para a memória.

Uma campanha publicitária é um produto criativo e, para alcançá-lo, ultrapassamos etapas que formam um processo. Vamos abordar, agora, um pouco mais sobre o grande tesouro da criação publicitária: as ideias.

6.2
A definição do problema

Somos redatores publicitários e, é claro, gostamos de criar, encontrar possíveis soluções, selecionar a melhor ideia e redigir os textos com as palavras certas e a originalidade que surpreenda e cative o leitor. Gostamos do fascínio que as ideias exercem sobre nós. Se "sua praia" é criação, seu prazer é este: criar e desenvolver ideias.

Vamos tratar, então, das atitudes que serão úteis, bem como do processo e das técnicas que podem ajudar você a potencializar a produção e a qualidade das ideias.

Nos dois capítulos anteriores, refletimos sobre o processo de organização e de desenvolvimento das ideias na publicidade. Agora, no entanto, é necessário retroceder e entender, na origem, o que é, efetivamente, a criatividade (fizemos o mesmo no Capítulo 1, quando abordamos que a origem da publicidade é a atividade comunicacional).

Começaremos refletindo sobre as questões que afetam diretamente nossa atividade de criação: Podemos exercitar a criatividade individualmente e em grupo? Existem técnicas que podemos aprender e aplicar?

A resposta é **sim**. Podemos evoluir criativamente. Abordaremos mais sobre o treinamento em criatividade adiante.

É importante, no entanto, antes de qualquer outra coisa (mesmo da definição de criatividade!), estabelecer seu ponto de partida: um **problema**.

Sim, toda a força que move o ser humano em direção a uma resposta criativa é uma angústia. Pense nos grandes inventores e em suas invenções: foram movidos por um desejo de resolver um problema, suprir uma lacuna, evoluir uma resposta: "boa parte do mérito do inventor, do criador, foi localizar de antemão o problema e queimar a pestana sobre ele" (Barreto, 2008, p. 77).

Mas não são apenas os importantes inventores que se utilizaram do potencial criativo para encontrar respostas. Desde as mais primitivas sociedades até nossos dias, homens e mulheres de todas as partes, em diferentes culturas, buscaram soluções e desenvolveram técnicas para produzir alimentos, métodos construtivos, armas para caça e pesca, naves para conquistar os mares e os céus, tecnologias para todos os fins, bem como novas formas de estruturar o pensamento racional e lógico e agir sobre o meio, além das filosofias que refletem sobre a natureza humana e as relações sociais. A criatividade, dessa forma, é uma atividade cerebral fundamental, tanto no plano individual quanto coletivo, sem a qual não poderíamos nos reconhecer como civilização.

Tudo, então, começa por um problema que nos motive a buscar uma solução.

Com essa compreensão, podemos formular um primeiro entendimento sobre a criatividade: ela é a **capacidade de solucionar problemas**. Uma capacidade humana que, para superar um problema, deve buscar respostas para além do óbvio.

No anúncio a seguir, o anunciante Aspirina quer que se demonstre a diferença entre os analgésicos Aspirina e CafiAspirina. O problema, então, era mostrar a diferença entre duas dores de cabeça: uma razoável, outra grande. Eis a solução!

Figura 6.3 Solução simples, clara e criativa

SOGRO CHEFE

ASPIRINA

CAFIASPIRINA

ASPIRINA® E CAFIASPIRINA® PARA QUALQUER DOR DE CABEÇA. (BAYER)

Mãos à obra

Pense em outra solução, neste mesmo tom de humor (não vale "Sogra/Sogra Chefe"), para uma dor de cabeça razoável e outra devastadora.

6.2.1
O que é criatividade?

São muitos os termos que constituem o campo de ação da criatividade. Originalidade, novidade, transformação, aventura, progresso, êxito, novos caminhos, audácia, alternativas, fantasia, descoberta e talento são apenas alguns deles (Estrada, 1992, p. 29), tornando bastante desafiadora a tentativa de definir "criatividade". Vamos conhecer três dessas tentativas:

"Criatividade é o processo de tornar-se sensível a problemas, deficiências, lacunas no conhecimento, desarmonia; identificar a dificuldade, buscar soluções, formulando hipóteses a respeito das deficiências; testar e retestar essas hipóteses; e, finalmente, comunicar os resultados" (Torrance, 1976).

Essa primeira definição é mais acadêmica, apresentada pelo educador e psicólogo E. Paul Torrance, considerado o pai dos estudos modernos da criatividade. Ela oferece, se prestarmos atenção, um caminho que vai desde a origem do problema até a apresentação e a defesa do produto criativo, jogando luzes sobre o processo criativo (*lacunas, hipóteses, testar e retestar*). Um trabalho árduo, mas, certamente, recompensador.

Há, aqui, uma dificuldade inicial: **o problema é um problema**, ou seja, fomos educados para perceber um problema como um obstáculo difícil de ser superado e, portanto, sempre que podemos, nos afastamos do problema em vez de enfrentá-lo. Não é a melhor atitude, não é a postura de um criativo.

É preciso encarar os problemas como desafios: entender o problema, suas causas e seus efeitos, para produzir possíveis respostas, selecionar a melhor ideia, desenvolver o produto criativo – no nosso caso, uma peça, uma ação, uma campanha publicitária –, apresentar, sofrer as críticas, reelaborar, chegar ao produto criativo (mais à frente, trataremos das etapas do processo de criação).

A segunda definição é mais simples e objetiva (mas não menos sábia!), afinal, criatividade é uma postura, é olhar para o mundo de uma maneira diferente e perceber novos caminhos e possíveis respostas. "Criatividade é a capacidade de olhar para a mesma coisa que todos os outros, mas ver algo de diferente" (Thompson, 1993, p. 24).

Pense como é interessante: a forma como olhamos para o mundo e para as coisas pode revelar o comum ou o extraordinário.

Para finalizar, apresentamos uma terceira definição que aponta para duas questões muito importantes:

> criatividade implica **emergência de um produto novo**, seja uma ideia ou invenção original, seja a reelaboração e aperfeiçoamento de produtos ou ideias já existentes. Também presente em muitas das definições propostas é o fator **relevância**, ou seja, não basta que a resposta seja nova; é também necessário que ela seja apropriada a uma dada situação. (Alencar, 1995, p. 15, grifo nosso)

Portanto:

1) Criativo não é apenas aquilo que é original, mas também as reelaborações. Ou alguém duvida que o celular não seja uma grande evolução criativa sobre o telefone fixo?
2) A solução deve ser relevante, as pessoas precisam percebê-la como uma resposta útil para seus problemas.
No Brasil, um novo equipamento de segurança doméstica pode ser muito bem-vindo; já na Noruega ou no Canadá – com índices muito menores de assaltos a residências – talvez esse mesmo produto tenha menor significado.

6.2.2
O produto criativo

Todo contexto de produção – seja um produto manufaturado (um extrato de tomate, por exemplo), seja uma ideia (como no nosso caso), não apenas aquilo que é concreto, mas também o intangível – apresenta a mesma organização de trabalho: um processo que se desenvolve até que, ultrapassadas todas as etapas, superadas todas as críticas, alcance a condição de produto final, um produto pronto para cumprir o destino ao qual está designado – no caso do extrato de tomate, sair da fábrica, chegar ao ponto de venda, ser oferecido ao consumidor final e consumido em diferentes receitas.

O contexto de produção de uma ideia não é diferente: existe um processo que desenvolve ideias, seleciona a mais adequada e a aperfeiçoa até que possamos chamá-la de **produto criativo final**.

Exemplo 6.1

A campanha da marca O Boticário, denominada *Conto de Fadas*, veiculou quatro peças diferentes para revista e outras quatro para *outdoor*. Veja algumas delas no seguinte *link*: <http://mundofabuloso.blogspot.com/2008/01/o-boticario-e-suas-princesas.html>.

A campanha publicitária, produto criativo, constrói-se por meio de um processo que define um problema: conversar de forma adulta com a mulher contemporânea, mas sem abrir mão das sensibilidades que formam o universo feminino. A criação propõe, então, uma releitura dos contos de fadas, atualizando a posição da mulher nas relações sociais.
O discurso infantil dá lugar aos enunciados que se voltam

ao público adulto. Os textos, irônicos, brincam com as referências tradicionais (princesas, dragões) e subvertem criativamente as histórias tão vivamente presentes na memória coletiva. O *slogan* da campanha confirma a opção preferencial do anunciante pelo público feminino.

Perceba que os textos para a revista são maiores quando comparados aos de *outdoor*, ou seja, há uma adequação da linguagem ao meio.

Segundo MacKinnon (1978), um produto criativo deve apresentar cinco qualidades, sendo as três primeiras fundamentais:

1) originalidade;
2) adaptação à realidade;
3) elaboração.

Pensemos no extrato de tomate (todos muito parecidos em uma primeira análise): deve apresentar algo **original** (algum tempero diferente), **adaptado** às necessidades do usuário (uma embalagem que abre e fecha com segurança) e **elaborado** (simples para quem fabrica, complexo para quem consome). Entenda-se *complexo* como uma experiência intensa ao consumidor final.

As duas outras qualidades são:

4) solução elegante;
5) transformação de princípios antigos.

Nossos sentidos adoram perceber a elegância, então, podemos pensar em uma embalagem ou um aroma que transmita refinamento ou sobriedade em uma perspectiva estética. Por fim, o mais alto dos critérios, a transformação, que amplia ou rompe fronteiras e entra na categoria das invenções que revolucionam: da máquina datilográfica aos teclados do computador, da gasolina ao carro elétrico, das roupas comuns aos tecidos que se adaptam à temperatura exterior etc.

E o nosso extrato de tomate? O que poderia transcender àquilo que conhecemos hoje? Pense em algo que atenda aos cinco critérios (especialmente o último) e... fique milionário!

6.2.3
O processo criativo

Acabamos de pensar o produto final. Agora, vamos nos deter no caminho, no processo que conduz uma ideia de seu estado bruto (inicial) até a solução final. Abordaremos o processo gerador de ideias, conhecendo suas etapas (Alencar, 1995):

1) definir o problema;
2) averiguar as causas;
3) gerar soluções potenciais;
4) selecionar a solução a ser implementada;
5) detalhar um plano de implementação;
6) implementar;
7) avaliar a solução implementada.

Como já sabemos, o elemento desencadeador da vontade de criar é a percepção da existência de um problema que gere angústia e motive os indivíduos a buscar novas respostas: "criatividade é sinônimo de SOLUÇÃO DE PROBLEMA. Ela só existe, ela só se exprime, face a um problema real" (Barreto, 2008, p. 72).

Então, **defina o problema** (1) com clareza e precisão. Nunca "abra" demais o problema.

Exemplo 6.2

Pergunta: Como oferecer (via *outdoors*) um gel de barbear para homens que residem na cidade de Belo Horizonte?

Comentário: informações muito genéricas (especificar melhor o perfil masculino – faixa etária, alguma rotina específica, como o hábito de barbear-se durante o banho; determinar quais as regiões da cidade com o perfil socioeconômico mais aproximado; alguma característica particular do produto ou da cultura mineira que possa centralizar o processo argumentativo etc.).

Pronto. Agora você está enxergando o problema com mais clareza. Vamos, então, **averiguar as causas** (2), ou seja, pesquisar tudo que for possível, no caso do Exemplo 6.2, sobre o ato de barbear-se: principais dificuldades, aspectos positivos, qualidades de nosso produto, discurso dos concorrentes etc. Quanto mais dados (confiáveis), mais seguros estaremos para criar.

Está chegando o momento mais rico para quem gosta de criar: **gerar soluções potenciais** (3). Deixar a mente nos levar por diferentes caminhos e produzir hipóteses de respostas. Não tenha preguiça, crie o máximo de possíveis soluções. Mesmo ideias aparentemente tolas ou superficiais devem ser registradas.

Outro momento muito importante: **selecionar a solução** a ser implementada (4). Cuidado! Não se deixe levar apenas pela ideia mais chamativa! Talvez ela seja só isso, um brilho que logo se apaga! A solução mais eficaz é aquela que responde melhor ao problema, aos objetivos de comunicação, ao perfil do público-alvo, às condições do mercado – tudo isso de uma maneira original e vendedora.

Desenvolvida a ideia, chegamos ao produto criativo: os *outdoors* da campanha do gel de barbear, no caso do Exemplo 6.2. As etapas seguintes (5 e 6), de **implementação**, são conduzidas por profissionais da área de produção da agência, que, no âmbito produtivo, também devem apresentar soluções criativas.

Finalmente, a etapa de **avaliação crítica** (7) é fundamental para comemorar os acertos e detectar possíveis falhas que possam ser corrigidas nas futuras ações.

Fique atento!

Aprender com os erros! Com certeza você já percebeu a importância disso em sua vida! A área criativa exige ousadia e oferece riscos. Os fracassos, naturalmente, vão surgir. Não desista, isso faz parte da rotina de todo criativo.

6.3
A importância do repertório

Você, certamente, já ouviu, em diferentes contextos, esta frase: Informação é tudo! Com a criatividade não é diferente. Esqueça aquela ideia de que a criatividade é um estalo que surge do nada e que o criativo precisa de um dia inspirado para criar. Não! Criatividade não é sorte, nem acaso, nem alguma espécie de iluminação transcendental, mas um processo que vai exigir a gestão eficiente das informações pertinentes ao problema, estimulando o fluxo razão + emoção, além de técnicas para a produção de ideias.

Além disso, o criativo não pode dar-se ao luxo de aguardar pelo dia especial, pois os prazos estão ali para lembrá-lo de que é preciso encontrar uma solução criativa que não pode esperar.

Fique atento!

A informação é, então, o **alimento fundamental**, sem o qual o ato de criar torna-se estéril, pois estaremos tentando criar ideias utilizando dados inconsistentes ou incorretos, buscando soluções no vazio. Não custa recordar: informação boa é informação segura, recuperável. Pesquise, sempre, em fontes confiáveis!

Exemplificando: Suponha que um cliente encomendou uma campanha para lançar sua nova linha de móveis para escritório. O criador, apressado, começa logo a pensar em possíveis soluções. Mas o que é que ele sabe sobre o tema?

Provavelmente, já observou o mobiliário das empresas em que trabalhou, já sentou em alguma poltrona giratória ou percebeu a funcionalidade de uma mesa de trabalho, mas, convenhamos... isso é muito pouco! As informações estão em um nível muito raso para produzir boas ideias. É necessário saber mais: Quais as vantagens da nova linha sobre a anterior? Quais as funcionalidades e as tecnologias que ela apresenta? Qual o material utilizado na fabricação? É mais resistente, mais leve, o *design* é atraente e inteligente? O que a concorrência está oferecendo?

Fique atento!

O criativo é, por natureza, um **curioso**, disposto a aprender, sempre interessado em perceber problemas e propor respostas. Portanto, não mate aquela curiosidade que você tinha lá na infância e que o fez aprender tantas coisas, ela será fundamental para seu sucesso na criação publicitária.

Ainda nesse âmbito (dos dados técnicos), precisamos ter acesso também a pesquisas e relatórios que apontem as opiniões e as necessidades dos usuários. Essas informações serão valiosas para entender a melhor forma de abordagem para o produto. **Um bom *briefing* traz sempre boas informações**!

Até agora, tratamos das informações técnicas inerentes ao produto que vamos vender, pois são dados muito importantes para não nos distanciarmos da essência – as qualidades do produto que se quer vender e as expectativas do público-alvo no contexto mercadológico –, mas não podemos ignorar que o processo de criação necessita olhar para além. Precisa transbordar as informações técnicas e encontrar, na realidade, uma forma coerente de apresentar a mensagem publicitária.

O que queremos dizer é que existem outras fontes em que devemos beber: as informações do cotidiano. "O mundo é um conjunto organizado de relações significativas, no qual a pessoa existe, e de cujo projeto participa. [...] O mundo inter-relaciona-se com a pessoa a todo momento" (May, 2002, p. 49).

Já abordamos, aqui, que o criativo é um indivíduo de "antenas ligadas" no mundo, que vai fazer diferentes leituras, acumular informações – na literatura e nas artes em geral, na televisão e no cinema, nos jornais e revistas, no mundo digital, no passado e no futuro –, jogar tudo isso no liquidificador (no caso, em seu cérebro e/ou no dos demais participantes da sessão criativa) e começar a produzir as sínteses, ou seja, as hipóteses que podem resolver o problema.

Dica

Então, aqui vai a dica mais aberta de todo este livro: leia muito, de tudo um pouco! Assista a filmes e séries, converse com pessoas de diferentes idades e com variadas histórias de vida. Reflita, repense, exponha suas ideias e estimule reações. Debata com os amigos e anote tudo (isso é muito importante!). Você está não apenas acumulando informação, mas também organizando os dados, enxergando o mundo por diferentes olhares. A partir desse ponto, você começa a pensar e agir como um criativo!

Unimos, aqui, as duas primeiras pontas da criatividade: a **informação** e a **sensibilidade**, ambas movidas por um problema que vai desafiar nossas capacidades criativas.

Sim, além do repertório, existe o salto imaginativo (a sensibilidade), ou seja, a fantasia, a imaginação, que dá mais colorido à realidade, perceber aquilo que os outros não percebem (recorde a definição de criatividade de Thompson, no início deste capítulo).

Outro exemplo simbólico: lembra da maçã que caiu na cabeça do Newton?

Para a maioria dos mortais, seria apenas um instante de azar (Que dia, até uma maçã caiu na minha cabeça!), mas, para alguém como ele, que estava sintonizado no problema, com as informações certas e a sensibilidade para perceber o significado maior daquele acontecimento, foi o gatilho que faltava para encontrar a resposta: os princípios para a formulação da teoria da gravidade que mudaram os rumos da ciência e da humanidade.

Figura 6.4 Newton e a maçã

tutti-frutti/Shutterstock

Todo criativo percebe, portanto, que o mundo à sua volta está o tempo inteiro oferecendo informações, mas que só aqueles que estão prontos para enxergar o que não está assim tão nítido é que perceberão possíveis respostas para determinado problema.

6.3.1
Ambientes sociais e culturais

Todos os diferentes ambientes que frequentamos são importantes para o desenvolvimento de nossas sensibilidades, e, como já dissemos, tudo começa lá na infância.

Nosso primeiro ambiente é a família, depois, a escola, os amigos, o trabalho, as instituições políticas, sociais e religiosas a que nos vinculamos. Todos esses ambientes vão ajudá-lo (ou prejudicá-lo, não podemos deixar de alertar!) a formar sua visão de mundo e a perceber a realidade em muitas de suas dimensões.

Além disso, estamos inseridos em determinadas culturas, e elas são importantes porque afetam nossa compreensão. Somos brasileiros, por isso percebemos a realidade de um jeito próprio e somos influenciados pela região em que vivemos. É possível perceber, nitidamente, as diferenças entre a cultura gaúcha, a baiana, a carioca, a mineira, a paraense etc., assim como as influências locais, ou seja, uma localidade mais fria, outra mais montanhosa, uma metrópole engarrafada, uma pequenina e pacata cidade do interior etc. Tudo isso influencia nossa forma de perceber e expressar nossas ideias.

Portanto, da mesma maneira que é importante que você preserve sua identidade, é fundamental que se abra para o mundo e para os novos aprendizados. Sua capacidade sensível agradece!

Não se esqueça de que você vai criar mensagens para diferentes perfis de pessoas, com variadas origens e formas de olhar a realidade. Para cada um desses grupos é preciso "calibrar" o texto, ou seja, redigir com criatividade e coerência, viajar pelo imaginário daquelas pessoas.

Fique atento também ao fato de que o mundo está em permanente mutação, ou seja, aquela forma de resolver um problema que era muito eficaz ontem, hoje já perdeu força e amanhã deixará de funcionar. O repertório e a sensibilidade também são importantes para atentar a essas mudanças e antecipar uma solução para um novo problema. A Kodak, por exemplo, demorou a perceber que as pessoas estavam prontas para a praticidade da fotografia digital... e insistiu no velho filme fotográfico. Resultado: quando acordou, já era tarde!

> Como afirmou Heráclito, filósofo pré-socrático, "A única coisa permanente no universo é a mudança" (Heráclito, 1973).

6.3.2
A personalidade criativa

O mundo muda e os ambientes que frequentamos nos influenciam. Esses são fatores externos que afetam nossa capacidade de criar, mas, com relação aos fatores internos, também as características próprias de cada um de nós podem afetar positiva ou negativamente nosso rendimento criativo.

Conheça alguns traços positivos de personalidade, segundo Alencar (1995):

- iniciativa;
- independência de pensamento e ação;
- flexibilidade;
- persistência;

- autoconfiança;
- disposição para aprender com os próprios erros e para correr riscos.

Sobre o risco, vale esclarecer que ele é um componente doloroso do ato de criar, pois você vai enfrentar resistências, o desconhecido, seu próprio cansaço, podendo, ao final, falhar e não chegar a lugar algum.

Mas, sem esse percurso, não existe o novo e a originalidade. Então, não desista, acredite! Não tenha medo de errar! Vai valer a pena!

Fique atento!

Certamente, você tem algum ou alguns desses traços desenvolvidos (outros nem tanto!). Então, alimente aquilo que você já tem e lute todos os dias para fortalecer aquelas características que você considera pouco desenvolvidas. Com certeza, ao evoluir nesses aspectos, você se tornará um criador publicitário melhor e mais valorizado.

É claro que, nesta obra, aludimos ao nosso interesse específico pela criação publicitária, mas a criatividade é uma atitude diante da vida. Explore esses aprendizados nas mais diferentes áreas de seu interesse. Uma existência voltada para a criação é uma existência mais rica!

6.4
O desenvolvimento criativo: informação + sensibilidade + técnica

Já tratamos da importância do repertório e da sensibilidade, falta refletir sobre as técnicas que potencializam a capacidade de criar. Sobre a **técnica**, comenta Barreto (2008, p. 48): "eis a palavra perfeita para substituir inspiração".

Fique atento!

A inspiração, como senso comum, está associada a um fenômeno extra-humano, situando-a mais como um momento de sorte ou do acaso do que como uma capacidade criativa ligada aos seres humanos. Essa visão deve ser combatida, pois a criatividade é, acima de tudo, uma capacidade humana.

Perguntas & respostas

Pergunta: A criatividade pode ser treinada ou recuperada por meio de técnicas?

Resposta: Sim, o *brainstorming*, técnica criada pelo publicitário norte-americano Alex Osborn, é a mais famosa delas (e uma das mais antigas) e seus princípios estão presentes em muitos exercícios da atualidade. A "tempestade de ideias" é uma técnica de resolução de problemas que incentiva a libertação da atividade mental de seus participantes e desestimula a censura.

Evite muitos participantes em uma reunião criativa, pois começaria a ficar difícil para o motivador (já falaremos dele!) controlar o turno das palavras entre todos os participantes, desmotivando alguns. Doze pessoas seria um bom limite para uma reunião corporativa, mas, em um treinamento em sala de aula, o ideal seria, no máximo, cinco ou seis pessoas.

Um dos principais problemas das reuniões que buscam produzir ideias é que existe, naturalmente, um clima de censura prévia (aprendemos a criticar logo de cara!), que faz com que os participantes destruam, já de início, algumas ideias sem sequer analisá-las com mais atenção. Osborn (1988) recomendou eliminar essa fase crítica, permitindo que todas as ideias fossem, inicialmente, aceitas.

Em um segundo momento, de análise e seleção, a crítica será bem-vinda e extremamente necessária para as escolhas mais pertinentes.

Regras básicas para uma sessão criativa:

- definir um problema que envolva todos os participantes;
- designar um **motivador,** com sensibilidade para criar um clima favorável no grupo, e um **registrador**, com habilidade para sintetizar uma ideia em poucas palavras;
- estimular o pensamento divergente, ou seja, aquele que rejeita os clichês e as fórmulas prontas;
- criar muitas ideias (quantidade) para encontrar alguma grande ideia (qualidade);
- atrasar o momento da crítica para que as ideias possam ser mostradas;
- combinar uma ideia com outra, aperfeiçoando-as;
- incentivar o bom humor, ele é importante para quebrar a rigidez de uma reunião.

Para selecionar a melhor ideia, é preciso que:

1) o registrador leia todas as ideias listadas;
2) definam-se os critérios para a seleção da melhor ideia.

Para nós, publicitários, é importante, como critério de escolha, observar a eficácia da ideia diante dos objetivos de comunicação, o perfil do público-alvo e o mercado, os meios de comunicação que veicularão a mensagem, o tema que comanda o discurso, além dos custos, dos recursos materiais, do tempo de que dispomos, dos aspectos éticos e, por fim, da própria originalidade da ideia.

Curiosidade

Um psicólogo chamado Gordon desenvolveu, em 1957, uma técnica criativa de aperfeiçoamento do *brainstorming* baseada em analogias bastante interessante, que nos conduzem a pensar para além do visível. A técnica é a **sinética** e tem o seguinte princípio: **tornar o estranho familiar, e o familiar, estranho**. Vamos a um exemplo.

Você já leu *O pequeno príncipe*, livro de Antoine de Saint-Exupéry?

O menino desenha uma cobra que engoliu um elefante (como no primeiro desenho da Figura 6.5) e vai mostrar para os adultos.

Mas todo mundo que olha o desenho enxerga um chapéu (afinal, tem forma de chapéu, cor de chapéu, cara de chapéu). É assim que funciona: o estranho vira familiar. A maioria das pessoas busca um padrão (parece um chapéu) e sentencia: só pode ser um chapéu! Assim, deixa-se de pensar que aquilo pode ser outra coisa: uma cobra que engoliu um elefante, por que não? O familiar vira estranho ... e pode tornar-se qualquer coisa, qualquer outra resposta.

Nesse sentido, fuja do óbvio, quebre paredes, pense diferente!

Figura 6.5 Um chapéu ou uma cobra que comeu um elefante?

Antoine de Saint-Exupéry. O Pequeno Príncipe

A seguir, indicamos outras técnicas criativas, segundo Alencar (1995):

- Estudo de modelos.
- Exercícios de descrição: descrever situação imaginária.
- Técnicas associativas e de relações remotas.
- Descrição imaginária de melhorias: o que pode melhorar em um...
- Laboratório de improvisação: o que você faria se...

6.5
Grupos criativos *versus* indivíduos criativos

Um aspecto que destacamos é o da formação dos grupos criativos. Normalmente, trabalhamos em duplas (redator +

diretor de arte), contudo, algumas atividades podem reunir um grupo maior para ampliar a geração de ideias. Depois dessa etapa de incubação, o grupo pode dissolver-se em duplas ou trios, cada equipe com a ideia que considerou mais interessante para a resolução do problema.

> **Fique atento!**
>
> É importante que você não confunda, como alerta Predebon (1999, p. 55), *harmonia de relações* – que é importante – com *homogeneidade*: "Esta, tende a privilegiar os acordos fáceis e até os consensos, não é produtiva em termos de criatividade".

A harmonia é fundamental para que o grupo funcione com a atmosfera adequada, mas temos um péssimo hábito de nos fecharmos em grupos homogêneos (a famosa "panelinha"). Pessoas com muitas afinidades tendem a pensar de maneira muito parecida, chegando, quase sempre, aos mesmos resultados. O grupo criativo precisa de um pouco de choque para que diferentes visões exponham suas ideias (diversidade). Isso pode ser um pouco desgastante, mas, se a equipe estiver predisposta (se houver harmonia), saberá chegar a um consenso, escolhendo a ideia mais adequada e original, sem ressentimentos.

> **Dica**
>
> Não se chateie caso outra dupla ou outro colega esteja trabalhando uma ideia que é próxima da sua. São tantos os tratamentos, os apelos, os tons e os tipos de textos que podem ser desenvolvidos que é muito pouco provável que, lá no final, a outra equipe tenha um produto similar ao seu. Esse é o fascínio da criação!

Isso significa que, se estiver sozinho, não conseguirei produzir criativamente?

Sim, é claro que conseguirá. Muitos dos ensinamentos da técnica criativa podem ser assimilados e aplicados individualmente. Você é seu próprio motivador e registrador das ideias. Você pode pensar por muitos, basta olhar o problema por diferentes pontos de vista, exercitar formatos e apelos (como vimos nos Capítulos 4 e 5), associar ideias e fazer analogias, não aceitando o óbvio como resposta.

Vamos confrontar um pouco essa concepção que exalta as reuniões criativas como a maneira mais eficiente de se gerar ideias. Barreto (2008), em sua obra *Criatividade em propaganda*, considera que a eliminação de padrões de julgamento externos (típicos das reuniões de criação), aliada ao uso adequado das informações anotadas, pode resultar em mais e melhores ideias: "É o caso de dizer: multidão vale, contanto que não passe de uma pessoa". O autor, inclusive, recorda Bill Bernbach, que "considera a criação um processo essencialmente individual, solitário" (Barreto, 2008, p. 36).

Barreto (2008, p. 38) só faz concessões quando fala da importância das **duplas**, indispensáveis ao casamento entre o estético e o verbal, e com uma dinâmica que se realiza entre dois profissionais: "uma dupla é apenas você-e-mais-alguém, alguém com nome, identidade, estilo – atributos indispensáveis a fenômenos de criação, quaisquer que sejam".

Individualmente, em duplas, em equipes, não importa, você precisa estar preparado para as diferentes modalidades de trabalho da criação publicitária. E não duvide: com as informações certas, a técnica publicitária e a sensibilidade para ver a realidade com outros olhos, sua cabeça estará pronta para produzir ideias fantásticas.

Síntese

Neste capítulo, abordamos o processo de trabalho da redação publicitária até o seu limite: a campanha publicitária. Apresentamos os tipos de campanha publicitária e a importância do tema para a unidade das mensagens. Também ressaltamos que a criatividade se sustenta em um tripé formado pela informação, pela técnica e pela sensibilidade, compreendendo o processo de geração de ideias para o alcance do produto criativo.

Questões para revisão

1) Em um trecho de *O pequeno príncipe*, de Saint Exupery, o menino desenha uma cobra que engoliu um elefante, contudo, quando apresenta orgulhosamente seu desenho para um grupo de adultos, estes imediatamente determinam: "É um chapéu!".

   Que definição de criatividade a seguir melhor exprime essa padronização do mundo, que limita a percepção para além do óbvio?

   a) Criatividade é a capacidade de resolver problemas.
   b) Criatividade é uma superestrutura que envolve sensibilidade, informação e exploração de técnicas.
   c) A criatividade deve dar existência a algo novo, único e original.
   d) Criatividade é a capacidade de criar tirando do nada.
   e) É a capacidade de olhar para a mesma coisa que os outros, mas ver algo de diferente.

2) Muitas áreas do conhecimento, como a psicologia, a filosofia e a sociologia, vêm produzindo definições sobre a criatividade, habilidade bastante permeável e que aceita mais de 400 acepções diferentes, como fantasia e imaginação. Fayga Ostrower (1989), artista plástica e autora de vários livros sobre criatividade, definiu o ato de criar da seguinte maneira: "Criar livremente não significa poder fazer qualquer coisa, a qualquer momento, em quaisquer circunstâncias e de qualquer maneira. As delimitações são como as margens de um rio pelo qual o indivíduo aventura-se no desconhecido". Assinale a alternativa que melhor esclarece a posição da autora:
   a) O caos do pensamento criativo caminha pelo desconhecido sem se preocupar com regras e/ou métodos.
   b) As delimitações de um problema são maléficas, pois prendem a criatividade do indivíduo.
   c) Criar não significa simplesmente ter o pensamento livre, mas entender que a delimitação do problema é fundamental para chegar a um produto criativo.
   d) A criatividade é como um rio selvagem e, portanto, primitivamente incontrolável.
   e) Criatividade é fantasia, imaginação e liberdade, e toda escala racional pode interferir em seu desempenho.

3) São muitos os fatores inibidores da criatividade. Assinale a alternativa que apresenta um fator interno, ou seja, relacionado ao plano pessoal:
   a) O autoritarismo do chefe nas reuniões de trabalho.
   b) O medo do ridículo que impede de expor uma ideia em público.
   c) A fuga das divergências dos grupos formados por afinidade ("panelinhas").

d) As normas rígidas dos regulamentos da empresa.
e) A paralisia dos colegas de trabalho diante de um problema novo.

4) Um bom tema publicitário "amarra" as peças de uma campanha. Explique, objetivamente, o significado dessa amarração para os textos em revista e jornal (abordamos isso, inicialmente, no Capítulo 3).

5) A maçã caiu na cabeça de Newton, e esse foi o gatilho para a solução do problema que o afligia. Recorde, agora, entre os tantos exercícios criativos que você já resolveu neste livro, um exemplo de alguma solução que lhe surgiu a partir de algum acontecimento banal ou corriqueiro. Relate a experiência e as conexões mentais que fez.

Mãos à obra

Criação de campanha publicitária

Até agora havíamos criado textos e peças isoladas, construído conceitos, definido formatos, apelos, percursos, gêneros de texto. Mas faltava a você a experiência de criar em grande escala.

Então, vamos criar uma campanha publicitária para os meios impressos.

Figura 6.6 Entenda o problema

Os números estão por toda parte. Eles organizam, controlam. Somos todos números: RG, CPF, passaporte, cartões, conta bancária. Também o número está em roupas e sapatos, placas e chassis de carros, bem como nas estatísticas, na produtividade humana, na quantificação da vida, entre tantos outros usos. Os números podem ser somados, divididos, multiplicados, subtraídos. Viram tabuada ou equações complexas que servem para construir pontes, casas, estradas, escolas etc. Servem também para construir uma bomba atômica.

Mas os números não se destinam somente à racionalidade humana. Eles também mexem com sentimentos, enxergam os astros e o futuro, são místicos. A numerologia, o tarô, o jogo do bicho... Quais informações podemos relacionar aos números?

O problema

Todo produto precisa de um nome. Um nome que o identifique, que traduza sua personalidade, que fique na memória do consumidor.

Como traduzir um produto com base em um número?

Um campeonato de automobilismo transforma-se em Fórmula 1; um perfume vira Chanel nº 5 ou Carolina Herrera 212; o jeans é 501; a multinacional 3M; a rede de hotéis Four Seasons; o mais famoso agente é o 007.

O nosso produto é um ...SPA.

1) Formatação do produto

   Individualmente ou em dupla, por meio de pesquisa, você deverá formatar um SPA utilizando algumas das características do número sorteado.

Passo A: o professor/tutor sorteará um número para cada indivíduo ou dupla.

Passo B: coletar dados (pesquisa) sobre o número sorteado. Por exemplo: o número 4 recorda, entre outras coisas, as quatro estações do ano; o 7 representa as maravilhas do mundo etc.

Passo C: selecionar, entre as informações coletadas, qual o argumento principal e os secundários e definir o nome do SPA.

> Obs.: o nome do SPA precisa fazer referência a alguma das características do número, como: para o número 5, *Spa Sentidos Naturais* (refere-se aos cinco sentidos).

2) Criação

Passo D: construir o conceito (promessa básica etc.) e a frase-tema.

Passo E: debater, testar e escolher o formato, o apelo básico, o tipo de texto, o tom.

3) Redação

Passo F: redigir o texto para **revista** (página dupla), para a peça **OOH** (escolha a peça: cartaz, MUB, *back light* etc.) e para *flyer* (para ser entregue em centros comerciais e salões de beleza) e descrever uma **ação publicitária** (que pode acontecer em um *shopping*, por exemplo).

Passo G: montar os *layouts* das peças (se quiser, não é obrigatório, a equipe pode criar a logo do SPA).

Passo H: Apresentar a campanha e entregar os três *layouts* (revista, OOH e *flyer*) e a descrição da ação – onde: local; quando: período do ano; como: dinâmica de funcionamento da ação; por que: justificativa da coesão da ação com as peças.

Para concluir...

Estamos chegando ao final desta viagem pelo mundo da **redação publicitária**. Espero que este nosso passeio tenha motivado você, ainda mais, a mergulhar no mundo da propaganda e de suas criações. Um bom redator, acima de tudo, deve amar a palavra e, para isso, deve não só escrever incansavelmente para aprimorar a técnica, mas também ler os importantes autores da literatura brasileira e universal para se inspirar e compreender os métodos, as formas diversas de se contar uma história. Leia o mundo, informe-se, interprete as notícias, pense criticamente, vá ao cinema, ao teatro, esteja sintonizado com toda a produção cultural, as novidades, suas referências históricas e os desdobramentos futuros. Leia a realidade. Você já sabe que a informação é o alimento do criativo e que seu voo será muito mais interessante ao associar a sensibilidade aos dados e às experiências da razão. Assim, o mundo ganha novas cores, novas portas se abrem. Exercite intensamente os percursos criativos que aprendeu, as formas de abordagem, os apelos, os tons, defina a promessa e faça a conversa fluir. Use sua técnica para estruturar e dar fluência ao texto. Incorpore a teoria e transforme-a em soluções publicitárias coerentes e originais. Leia os textos dos grandes redatores publicitários.

Como já ressaltamos, devemos amar a palavra, sua enorme capacidade de comunicar, seus significados e suas ambiguidades, suas possibilidades construtivas, só não se esqueça de que ela ganha poder quando na boa companhia das imagens, das cores, de uma atmosfera para além do verbo. Uma boa peça publicitária informa e seduz, argumenta na medida da necessidade, provoca e convida. Imprima suas mensagens na memória do leitor.

Ao pensar de forma criativa, sua mente transborda o mundo do trabalho e dá um novo significado para a vida. Então, viva seu trabalho e viva a vida! E, caso escolha a redação publicitária como sua companheira, desejamos a você intensos desafios e grandes vitórias. Bom trabalho e boa sorte!

Em tempo

Se você gostou do mundo da criação publicitária e, especialmente da redação publicitária, deixamos, aqui, uma sugestão profissional: trabalhe com dedicação, relacione-se com bastante gente da área, observe o mundo à sua volta, esteja sempre disposto a aprender e a ampliar o repertório e as habilidades; tenha paciência sem deixar de ousar e se fazer ouvir; seja gentil. A experiência na redação publicitária pode levá-lo até a Direção de Criação.

Sim, com uma visão ampla da criação e de todo o negócio publicitário, você vai supervisionar, orientar, aprovar as criações (e, sempre que quiser, colocar a mão na massa). O Diretor de Criação bota para funcionar e dita o ritmo de todas as equipes criativas. Não é um belo objetivo? Ligue os motores!

Glossário

Advertising: propaganda comercial.

Anúncio: peça publicitária em revista ou jornal, porém é comum o termo ser utilizado como sinônimo de qualquer peça de propaganda.

Approach: significa "abordagem", termo normalmente utilizado para definir a linha de comunicação ou o gancho criativo da peça anunciada.

Arte-final: montagem da peça gráfica em sua forma definitiva.

Brand: marca.

Body copy: corpo do texto.

Brainstorming: na tradução literal do inglês, "tempestade cerebral" (de ideias); trata-se de uma técnica utilizada para gerar ideias e relacionar todo tipo de associações que venham a ser feitas; atrasa-se o momento da crítica para a liberação das mentes.

Briefing: significa "resumo", fundamental para o planejamento e a criação, pois contém a descrição da situação da marca ou da empresa, seus problemas, suas oportunidades, seus objetivos e seus recursos para atingi-los.

Broadside: folheto destinado ao público interno (como vendedores e funcionários) e intermediários (distribuidores, varejistas) de uma organização. Nele se encontram observações sobre o funcionamento da campanha publicitária.

Budget: orçamento; verba disponível para determinada campanha ou período, incluindo produção e mídia (Sampaio, 2013).

Banner: peça publicitária em forma de bandeira.

Box: destaque do texto, normalmente cercada, formando uma caixa.

Campanha: reunião de peças e outras ferramentas de comunicação para o alcance do objetivo de comunicação.

Case: história de sucesso de uma empresa diante de um problema comunicacional.

Conta: forma como a agência refere-se ao atendimento das necessidades comunicacionais de um cliente.

Copy: corpo, mas é empregado para definir o texto de uma peça publicitária. Busca a persuasão e objetiva a venda. O redator é o *copywriter*.

Corner display: display de canto.

Deadline: prazo-limite para a realização da tarefa.

Diferencial: qualidade de um produto ou serviço, ou da própria marca, que se destaca diante de seus concorrentes.

Display: material, geralmente impresso, com pés (suportes) para ser colocado no ponto de venda (PDV) com mensagem publicitária; peça publicitária que pode ser usada em cima de um balcão ou no chão.

Direct mail: mala direta.

Fôlder: folheto publicitário constituído de uma única folha, com uma ou mais dobras; também pode ser um anúncio de revista com uma ou mais dobras (Sampaio, 2013).

Folheto: peça publicitária gráfica.

Formato: dimensão da peça gráfica.

Gimmick: qualquer elemento diferencial, de maneira geral em tom alegre ou jocoso (bonecos, letras, animação, som, assinatura musical, ruído).

Gate folder: encarte com dobras.

Give away: pequenos brindes para distribuição gratuita.

Headline: título.

Janela: espaço reservado em um anúncio para posterior inserção de mensagem pontual.

Job: pedido de trabalho para as equipes de criação.

Layout: diagramação, forma como se arranjam os textos e as imagens na peça gráfica.

Leitmotiv: motivo central, principal.

Logo: abreviatura de *logotipo* ou *logomarca*.

Media: mídia; meio de comunicação.

Marketing: conjunto de atividades ligadas ao produto (desde a embalagem até a reação do consumidor; atividades empresariais que visam à descoberta, conquista, manutenção e expansão de mercados para as empresas e suas marcas;

também se denomina *marketing* o setor de uma empresa encarregado de planejar e administrar as tarefas de *marketing*.

Mass media: meios de comunicação de massa.

Merchandising: atividades promocionais diretamente ligadas ao produto; ação de *marketing* utilizada no ponto de venda e em espaços editoriais que reforçam mensagens publicitárias anteriormente divulgadas; também podem substituir a propaganda, em determinados casos.

Outdoor: propaganda ao ar livre, como uma espécie de cartaz publicitário de grandes proporções.

PDV: abreviação para ponto de venda.

Portfólio: trabalhos criativos realizados pelo profissional (ou estudante) e considerados seus melhores exemplares.

Pôster: tipo de cartaz publicitário, normalmente impresso.

Rafe: do inglês *rough*, primeiro esboço da peça.

Slogan: representação verbal da marca ou do produto anunciante.

Target: público-alvo.

Teaser: fase prévia de uma campanha que tem como objetivo despertar a curiosidade do público, mas sem revelar do que se trata.

Testemonial: anúncio testemunhal.

Referências

ABI – Associação Brasileira de Imprensa. **A vírgula**. 2008. Disponível em: <https://www.youtube.com/watch?v=XTuyz4jm7QM>. Acesso em: 15 maio 2020.

ALENCAR, E. M. L. S. de. **Criatividade**. 2. ed. Brasília: Ed. da UnB, 1995.

ARISTÓTELES. **Retórica**. Tradução de Manuel Alexandre Júnior, Paulo Farmhouse Alberto e Abel do Nascimento Pena. 2. ed. Lisboa: Imprensa Nacional-Casa da Moeda, 2005. Disponível em: <https://sumateologica.files.wordpress.com/2009/07/aristoteles_-_retorica2.pdf>. Acesso em: 15 maio 2020.

BAKHTIN, M. **Estética da criação verbal**. Tradução de Maria Emsantina Galvão G. Pereira. 2. ed. São Paulo: M. Fontes, 1997.

BARRETO, R. M. **Criatividade em propaganda**. 14. ed. São Paulo: Summus, 2008.

BARTHES, R. **O óbvio e o obtuso**. Lisboa: Edições 70, 2009.

BAUDRILLARD, J. **Da sedução**. Tradução de Tânia Pellegrini. 5. ed. São Paulo: Papirus, 2004.

BAUMAN, Z. **Vida para consumo**: a transformação das pessoas em mercadoria. Tradução de Carlos Alberto Medeiros. Rio de Janeiro: Zahar, 2008.

BERTOMEU, J. V. C. **Criação na propaganda impressa**. 3. ed. São Paulo: Futura, 2006.

BRETON, P. **A argumentação na comunicação**. Tradução de Viviane Ribeiro. 2. ed. Bauru: Edusc, 2003.

BURTENSHAW, K.; MAHON, N.; BARFOOT, C. **Fundamentos de publicidade criativa**. Tradução de Francisco Araújo da Costa. Porto Alegre: Bookman, 2010.

CARRASCOZA, J. A. **A evolução do texto publicitário**. 8. ed. São Paulo: Futura, 2006.

CARRASCOZA, J. A. **Razão e sensibilidade no texto publicitário**: como são feitos os anúncios que contam histórias. 2. ed. São Paulo: Futura, 2007.

CARRASCOZA, J. A. **Redação publicitária**: estudos sobre a retórica do consumo. São Paulo: Futura, 2003.

CITELLI, A. **Linguagem e persuasão**. 15. ed. São Paulo: Ática, 2000.

COUTINHO, M. Jingles inesquecíveis: Big Mac. **Trilha Sonora**, 31 mar. 2011. Disponível em: <http://atrilhasonora.blogspot.com/2011/03/jingles-inesqueciveis-big-mac.html>. Acesso em: 29 maio 2020.

CORTEZ, C. Uma breve história sobre o suspensório. **Portal Mariliense**, 27 jun. 2014. Disponível em: <http://portalmariliense.com/portal/uma-breve-historia-sobre-o-suspensorio/>. Acesso em: 15 maio 2020.

DIAS, G. Reflexos do dia mundial sem carro. **Blog Giovana diz**, 22 set. 2009. Disponível em: <https://giovanadiz.wordpress.com/category/uncategorized/page/3/>. Acesso em: 15 maio 2020.

ESTRADA, M. R. **Manual de criatividade**: os processos psíquicos e o desenvolvimento. Tradução de Hildegard Asbach. São Paulo: Ibrasa, 1992.

FIGUEIREDO, C. **Redação publicitária**: sedução pela palavra. 2. ed. São Paulo: Cengage Learning, 2014.

FOUCAULT, M. **História da sexualidade**. Tradução de Maria Thereza da Costa. Rio de Janeiro: Graal, 1993. v. 1: A vontade de saber.

HANSEN, F. **(In)verdades sobre os profissionais de criação**: poder, desejo, imaginação e autoria. Porto Alegre: Entremeios, 2013.

HERÁCLITO DE ÉFESO. In: **Os pré-socráticos**. Tradução de José Cavalcanti de Souza et al. São Paulo: Abril Cultural, 1973. (Coleção Os Pensadores).

HOFF, T.; GABRIELLI, L. **Redação publicitária**. Rio de Janeiro: Elsevier, 2004.

JAKOBSON, R. **Linguística, poética, cinema**. Tradução de Francisco Achcar et al. São Paulo: Perspectiva, 2001.

KUHN, T. S. **A estrutura das revoluções científicas**. Tradução de Beatriz Vianna Boeira e Nelson Boeira. São Paulo: Perspectiva, 1997.

LIPOVETSKY, G. **A felicidade paradoxal**: ensaio sobre a sociedade do hiperconsumo. Tradução de Patricia Xavier. Lisboa: Edições 70, 2007.

LIPOVETSKY, G. Sedução, publicidade e pós-modernidade. **Revista Famecos**, Porto Alegre, v. 7, n. 12, p. 7-13, jun. 2000. Disponível em: <https://goo.gl/r6fT2a>. Acesso em: 15 maio 2020.

MACKINNON, D. W. **In Search of Human Effectiveness**: Identifying and Developing Creativity. New York: Creative Education Foundation, 1978.

MARCONDES FILHO, C. (Org.). **Dicionário da comunicação**. 2. ed. São Paulo: Paulus, 2009.

MARTINS, J. S. **Redação publicitária**: teoria e prática. 2. ed. São Paulo: Atlas, 1997.

MARTINS, M. de L. A actualidade da comunicação persuasiva. **Comunicação e Sociedade**, v. 8, p. 255-257, 2005. Disponível em: <http://hdl.handle.net/1822/24126>. Acesso em: 15 maio 2020.

MARTINS, Z. **Redação publicitária**: a prática na prática. 3. ed. Rio de Janeiro: Elsevier; Campus, 2013.

MAY, R. **A coragem de criar**. Tradução de Aulyde Soares Rodrigues. Rio de Janeiro: Nova Fronteira, 2002.

MCQUAIL, D. **Teorias da comunicação de massa**. Tradução de Roberto Cataldo Costa. 6. ed. Porto Alegre: Penso, 2013.

MESERANI, S. **Redação escolar**: criatividade. São Paulo: Ática, 2001.

MEYER, M. **Questões de retórica**: linguagem, razão e sedução. Tradução de Antonio Hall. Lisboa: Edições 70, 2007.

MOREIRA, L. 20 frases inspiradoras para publicitários. **Plugcitários**, 27 abr. 2015. Disponível em: <https://plugcitarios.com/blog/2015/04/27/20-frases-inspiradoras-para-publicitarios/>. Acesso em: 15 maio 2020.

OPPERMANN, A. Publicidade: o gênio do Fusca. **Superinteressante**, 31 out. 2016. Disponível em: <https://super.abril.com.br/historia/publicidade-o-genio-do-fusca/>. Acesso em: 15 maio 2020.

OSBORN, A. **O poder criador da mente**: princípios e processos do pensamento criador e do brainstorming. Tradução de E. Jacy Monteiro. São Paulo: Ibrasa, 1988.

OSTROWER, F. **Criatividade e processos de criação**. 7. ed. Rio de Janeiro: Vozes, 1989.

PALACIOS, F.; TERENZZO, M. **O guia completo do storytelling**. Rio de Janeiro: Alta Books, 2016.

PREDEBON, J. **Criatividade hoje**: como se pratica, aprende e ensina. 3. ed. São Paulo: Atlas, 1999.

PÚBLIO, M. A. **Como planejar e executar uma campanha de propaganda**. São Paulo: Atlas, 2008.

ROSA, M. **A reputação na velocidade do pensamento**: imagem e ética na era digital. São Paulo: Geração Editorial, 2006.

SAMPAIO, R. **Propaganda de A a Z**: como usar a propaganda para construir marcas e empresas de sucesso. 4. ed. Rio de Janeiro: Elsevier, 2013.

SANDMANN, A. **A linguagem da propaganda**. 3. ed. São Paulo: Contexto, 1999.

SANTAELLA, L. **A teoria geral dos signos**: semiose e autogeração. São Paulo: Ática, 1995.

SANT'ANNA, A.; ROCHA JÚNIOR, I.; GARCIA, L. F. D. **Propaganda**: teoria, técnica e prática. 8. ed. São Paulo: Cengage Learning, 2009.

SAUSSURE, F. de. **Curso de linguística geral**. Tradução de Antônio Chelini, José Paulo Paes, Izidoro Blikstein. 33. ed. São Paulo: Cultrix, 2012.

THOMPSON, C. **Grande ideia!** Como desenvolver e aplicar sua criatividade. Tradução de Ricardo Gouveia. São Paulo: Saraiva, 1993.

TORRANCE, E. P. **Criatividade**: medidas, testes e avaliações. Tradução de Aydano Arruda. São Paulo: Ibrasa, 1976.

UOL Economia. **Anúncio da Skol gera polêmica e é acusado de incentivar assédio a mulheres**. 11 fev. 2015. Disponível em: <https://economia.uol.com.br/noticias/redacao/2015/02/11/anuncio-da-skol-para-o-carnaval-gera-polemica-peca-incentivaria-assedio.htm>. Acesso em: 15 maio 2020.

VESTERGAARD, T.; SCHRODER, K. **A linguagem da propaganda**. Tradução de João Alves dos Santos. 2. ed. São Paulo: M. Fontes, 2000.

VIEIRA, B. Tomar banho todos os dias não é prática comum em alguns países. **G1**, 12 ago. 2015. Disponível em: <http://g1.globo.com/jornal-hoje/noticia/2015/08/tomar-banho-todos-os-dias-nao-e-pratica-comum-em-alguns-paises.html>. Acesso em: 6 jun. 2020.

VIEIRA, S. **Raciocínio criativo na publicidade**. 3. ed. São Paulo: Loyola, 2003.

WAITEMAN, F. **Manual prático de criação publicitária**: o dia a dia da criação em uma agência. São Paulo: Nobel, 2006.

Apêndice

Este é o momento de exercitar todo o aprendizado. Se você quer evoluir em suas experiências criativas e ampliar seu portfólio, aproveite a oportunidade.

Leia com atenção os pedidos de trabalho.

Job I – Criação de personagem porta-voz para anunciante

Contexto do anunciante (sugestão): empresa de material esportivo que busca uma identidade com o "atleta de fim de semana", ou seja, aquele indivíduo atarefado, que não encontra tempo e disposição para a academia, mas quer se manter minimamente em forma.

Composição da personagem:

1) Como é o personagem (fatores físicos)? Tem alguma característica particular ou maneirismo?
   a) Fatores físicos: idade, peso, altura, aparência, cor do cabelo, da pele etc.
2) Fatores sociais e psicológicos:
   a) Como ele pensa e fala (cultura, classe, religião, política)?
   b) Qual o temperamento?
   c) Do que mais gosta e o que mais odeia?

Consideram-se como fatores sociais: a origem, a classe social, a família, as orientações religiosas, o nível socioeconômico e cultural etc.

Consideram-se como fatores psicológicos: a sensibilidade, as ambições e desejos, a sexualidade, as reações diante de um fato etc.

Obs.: o personagem não é um ser estático, ele pode modificar-se ao longo da campanha.

d) Batismo

O nome (ou apelido) é revelador do caráter, da classe social, da tipologia do personagem.

e) Agora que você já o conhece bem, informe:

Qual a música que ele gosta de cantar no chuveiro? Vamos testá-lo!

f) Crie um texto na forma de depoimento que possa ser utilizado pelo personagem, destacando seus objetivos e suas frustrações relacionados à prática esportiva.

g) Formate uma peça (pode ser para uma revista esportiva) para teste de desempenho e empatia do personagem com o público-alvo.

***Job* II** – Criação de peça publicitária que explore o percurso necessidade-desejo

Principais necessidades humanas verificadas na comunicação publicitária:

- ambição;
- amor à família;
- aparência pessoal;
- apetite;

- aprovação social;
- atividade;
- atração sexual;
- conforto;
- cultura;
- economia;
- evasão psicológica;
- impulso de afirmação;
- imitação;
- saúde;
- segurança.

Contexto do anunciante: marca de café deseja se (re)posicionar fugindo dos tradicionais apelos de "amor à família" e "apetite" (sabor do café).

a) Defina um novo apelo que posicione a marca de uma maneira diferenciada na mente do consumidor.
b) Crie uma peça para jornal (1/2 página *standard* ou página inteira tabloide) contendo título, imagem principal, corpo de texto e campo de assinatura.

Job III – Desafio criativo

A dois passos do paraíso

Quando você tem um bom produto, pode reunir uma lista de boas qualidades, e isso vai ajudar na criação. Quando esse bom produto tem bom preço final, ótimo, pois você tem boas armas para combater a concorrência. Além disso, se esse produto é de uma marca conhecida e tem uma boa imagem na mente dos consumidores, excelente. Com eficiente comunicação, você tem boas chances de alcançar seus objetivos de venda. Mas... e se o produto já foi útil e necessário, mas perdeu a importância ou a utilidade e hoje é muito pouco lembrado? Precisaremos vendê-lo e também saber o que dizer e como dizer isso para as pessoas.

Nosso produto é um… **suspensório**.

Figura A Moda e publicidade

LightField Studios/Shutterstock

Há algumas informações e curiosidades interessantes no blog *Portal Mariliense*, reproduzidas a seguir:

"Basicamente o suspensório é uma peça do vestuário que surgiu como alternativa aos cintos, para suspender as calças. Tal acessório é feito por duas alças (que podem ser elásticas ou não) presas às calças por botões e que se cruzam nas costas. Com o tempo, o suspensório deixou de ser apenas um acessório útil e passou a ser um acessório "estético". Com uma história de reviravoltas, surgiu, desapareceu, retornou, desapareceu novamente (não para todos) e agora promete voltar.

Mas afinal como surgiram os suspensórios? Não há registro de uma data exata para o surgimento do acessório, mas acredita-se que este foi criado há mais de 200 anos e há uma história um tanto engraçada a respeito: dizem que um pequeno ladrão belga praticava alguns furtos em Bruxelas. O ladrão enchia os bolsos das calças com as moedas que roubava e o peso das moedas fazia com que suas calças caíssem, o que dificultava sua fuga. Então o ladrão resolveu segurar suas calças com alças sobre os ombros e assim teriam surgido os suspensórios. Mito ou verdade? Não se sabe, o fato é que o suspensório foi parte integrante da indumentária masculina até os anos 60".

Fonte: Cortez, 2014.

O desafio criativo é criar três peças, voltadas a três públicos distintos, para mobiliário urbano (pontos de ônibus).

Orientações para a criação:

a) Público-alvo: 1. executivos; 2. jovem masculino; 3. jovem feminino.
b) Criar, para cada peça, uma frase de, no máximo, cinco palavras.

c) Associar com imagem, caracterizando cada um dos públicos.
d) Escolher um anunciante da indústria brasileira do vestuário.

Dica: boa oportunidade para produzir as fotos.

Estrutura da peça: deve conter um título (uma ou duas frases) + uma imagem associada ao título que produza significado + campo de assinatura (logo/*slogan*) do anunciante.

Job IV – Construção do texto publicitário

Objetivo da atividade: compreender o processo construtivo do texto publicitário e adequar conteúdo às exigências do meio solicitado.

Contexto: o automóvel foi o principal símbolo do desenvolvimento ao longo do século XX. Da linha de montagem de Henry Ford, passando pelos avanços tecnológicos (segurança, conforto etc.) e de estilo (*design*), o carro simbolizou a autonomia do ser humano em sua liberdade de ir e vir. Tornou-se tão necessário e tão desejado que é impossível contar a história recente da civilização sem mencioná-lo.

Porém... a "população" de automóveis cresceu desenfreadamente e tomou de assalto, primeiro, os grandes centros urbanos e, mais tarde, as cidades de médio e até mesmo de pequeno porte. Os engarrafamentos cada vez maiores e o espaço público cada vez mais comprimido começaram a inviabilizar o transporte, tornando a vida urbana uma experiência caótica.

O problema: de objeto unânime dos desejos, o automóvel ingressou no novo século como um dos vilões contemporâneos, deixando para trás sua imagem heroica construída ao longo de um século.

Ainda que modelos cada vez mais sedutores continuem a estimular o desejo, uma questão é inevitável: é preciso repensar o uso do automóvel.

A oportunidade: cada vez mais as pessoas ganham consciência das responsabilidades individuais para o bem coletivo. O trânsito é um espaço de convivência, e as soluções são urgentes.

Existe uma oportunidade para o discurso de cidadania.

O produto: o **Dia Mundial sem Carro** surgiu no final dos anos 1990 como uma iniciativa tímida, um manifesto que convidava ao uso de meios de transporte sustentáveis e que fez relativo sucesso em algumas capitais europeias. Com o tempo, foi ganhando dimensão e, atualmente, o dia **22 de setembro** simboliza, em boa parte do mundo, a luta pela qualidade de vida nas cidades.

Público-alvo: primário: adultos, maiores de 18 anos, motoristas de automóvel. Secundário: crianças e adolescentes sensíveis aos rumos da humanidade.

Objetivos específicos:

a) Estimular o consumo do produto "dia sem carro".
b) Criar consciência e motivar para ação permanente (formas alternativas de transporte).

Orientação para a criação: desenvolver discurso misto:

a) Produto: voltado para a venda da data.
b) Institucional: preocupado em propor uma mudança de atitude (ideologia) e de imagem (*status* social).

Obs.: Utilizar aspectos da cultura local (linguagem e demais referenciais típicos da sua região).

A peça:

Meio: impresso.

Peça: folheto (uma dobra).

Formato: 21 × 29,7 (A4).

Anunciante: Entidade não governamental.

Dica: Esse grupo (fôlder e similares) procura um leitor mais atento, pois são peças que pretendem ampliar o diálogo com o leitor.

Passos:

1) Listagem, seleção dos argumentos e hierarquia dos argumentos (principal e secundários).
2) Construção do conceito e síntese temática.
3) 1º tratamento do texto (texto bruto).
4) Título, ancoragem e versão definitiva do texto.
5) Leitura do texto e entrega da peça.

A peça deve conter capa (com título externo), contracapa (para assinatura do anunciante) e face interna (para os blocos de textos e arte).

***Job* V** – Criação de *slogan*

Anunciante: marca de alimentos (receitas prontas).

Alimentação, produtos cuidadosamente testados e preparados com um rigoroso padrão de qualidade, tradição de um século.

Produtos: bolos e sobremesas, nas linhas *diet*, *light* e zero açúcar.

Principais valores: tradição e praticidade.

***Slogan* atual (inventado)**: A tradição é o nosso alimento.

Problema: O *slogan* atual (apoiado na força da tradição) não dá mais conta da nova imagem que a empresa quer transmitir aos seus consumidores (produtos práticos e novos lançamentos, sem perder a confiança que construiu ao longo das décadas).

Passos da criação:

a) definir a informação mais valiosa;
b) buscar palavras-chave;
c) criar muitas hipóteses;
d) selecionar;
e) elaborar a síntese frasal (*slogan*);
f) encontrar argumentos de defesa para a proposta criativa e redigir texto (breve) justificando a solução encontrada.

***Job* VI** – Varejo (criação de título)

Selecione uma peça de varejo mídia jornal (daquelas bem padronizadas: título sensacionalista, imagens dos produtos ofertados e campo de assinatura).

Já vimos, no Capítulo 3, que o segmento varejo funciona muito mais pelos benefícios econômicos que oferece do que pela criatividade de seus anúncios. Mas isso não precisa ser uma regra: crie um título interessante (na verdade, muitos títulos, para depois selecionar o mais adequado e criativo) que fuja do óbvio e se associe, de maneira mais inteligente, aos produtos expostos na página.

Job VII – Texto opinativo

A peça do Bar Devassa (ver *link*: <http://www.dote.com.br/campanha-happy-hour>), explora os chamados *estrangeirismos*, ou seja, o uso de língua estrangeira (no caso, a língua inglesa) voltada aos consumidores brasileiros. É verdade dizer que, nesse caso, o conceito de *happy hour* já foi plenamente incorporado ao cotidiano dos brasileiros e expressa a "hora feliz", pós-expediente de trabalho. Embute ainda uma segunda interpretação, pois que, para além da felicidade do momento, existe o benefício promocional de se obter algum desconto no pagamento da conta dentro desse horário do dia.

Por outro lado, é correto afirmar que boa parte dos brasileiros não domina a língua inglesa ou a domina apenas parcialmente. Dessa forma, você considera, observando os conceitos ligados à eficiência, necessários à linguagem publicitária e que já foram debatidos nesta obra, que o uso da língua inglesa, no mais das vezes, é coerente em relação ao público brasileiro, ou devemos sempre buscar soluções que priorizem nossa língua natal (a língua portuguesa)?

Exponha sua opinião, não se limitando ao exemplo anterior, mas refletindo sobre o panorama geral da publicidade brasileira contemporânea, povoada de estrangeirismos. Na sua resposta, utilize conceitos que foquem a recepção da mensagem, como clareza na interpretação e características do público-alvo.

Respostas

Capítulo 1

Questões para revisão

1) b
2) e
3) b
4) A publicidade busca sempre o diálogo mais adequado ao "mundo" do receptor da mensagem (público-alvo): a linguagem mais precisa, as necessidades, os desejos e também verificar os medos que podem frear a imersão. No caso do grupo da terceira idade e sua associação com o tema turismo, o melhor discurso será aquele que explorar o **tempo livre** (muito maior em relação aos outros grupos adultos) e conseguir associá-lo ao desejo de viajar/conhecer e à condição financeira adequada ao orçamento.
5) A síntese é vital para o sucesso de uma mensagem publicitária. Primeiro, porque as pessoas ocupam seu tempo disponível com outros afazeres, e a publicidade não está entre suas prioridades; segundo, porque o pouco tempo que podem oferecer deve ser imediatamente ocupado com informação útil e sedutora no sentido da venda, não dando margem para discursos longos e repetitivos. Lembre-se, no entanto, de que textos econômicos são textos na

medida, que não cortam nenhuma informação importante ao leitor.

Capítulo 2
Questões para revisão

1) e
2) a
3) b
4) A ação é o movimento decisivo para a aceitação da mensagem e, consequentemente, do plano para a aquisição do produto oferecido (ir ao ponto de venda, telefonar e fazer o pedido, acessar a loja por meio do *site* do anunciante etc.). Portanto, esse convite à ação (que nunca deve parecer uma ordem direta, mas uma sugestão), posicionado no desfecho do texto, é sempre um elemento estrutural fundamental para o êxito da mensagem publicitária.
5) Em verdade, qualquer segmento pode fazer uso dessa estratégia argumentativa; contudo, alguns setores, por características próprias de funcionamento e relação com seus consumidores, apresentam condições mais favoráveis para a associação razão + emoção: produtos alimentícios, que, além da saciedade (racional), podem oferecer uma experiência de sabores (emocional); produtos íntimos, como *lingeries*, que, além do conforto (racional), podem explorar, em igual medida, a sedução (emocional); e viagens aéreas, que podem vender a ideia do prazer de voar (emoção) com promoções de descontos (razão), são alguns dos exemplos que podem ser citados.

Capítulo 3

Questões para revisão

1) a
2) c
3) c
4) b
5) As escolhas devem sustentar-se a partir da teoria oferecida: o *slogan* deve ser uma frase fechada, com poder instantâneo e que se fixe na mente; além disso, deve ser curto e eufônico, adequado ao segmento e com alguma identidade que o diferencie da concorrência.

Capítulo 4

Questões para revisão

1) c
2) a
3) d
4) Resposta desejável: a mensagem é clara aos aficionados por velocidade e aventura. Afinal, usuários de grandes motos sonham com estradas, vento no rosto, contato com a natureza. O tema expressa essas sensações de maneira simples e, ao mesmo tempo, profunda.
5) A resposta deve ter um caráter técnico, relacionado à construção de personagens – passo fundamental para o formato porta-voz. Questões físicas, como altura, faixa etária, cor dos cabelos; traços sociais ligados à formação educacional e à condição econômica; traços psicológicos relacionados ao temperamento e ao humor, entre tantas outras possibilidades, podem tornar esta resposta um interessante estudo sobre o comportamento dos personagens publicitários e seu carisma com o público.

Capítulo 5

Questões para revisão

1) e
2) d
3) d
4) No âmbito da segurança, você pode citar atributos ligados à pureza da água ou à embalagem que protege o produto; nas relações sociais, questões ligadas à afetividade e ao compartilhamento em um mesmo grupo social; quanto à autoestima, argumentos ligados ao *status* de se consumir a água X ou Y; e, por fim, no nível de autorrealização, a ideia de distribuir água aos necessitados ou de pensá-la como um bem a que todo ser humano tem direito de acesso.
5) Questão que remete, uma vez mais, à memória e ao repertório publicitário do aluno. Para a atividade física, marcas relacionadas ao esporte, como tênis, trajes esportivos ou academias de ginástica, bem como anunciantes que adaptaram produtos à prática desportiva, como isotônicos e relógios de cronometragem. Para a atividade mental, anúncios de livrarias e bibliotecas, lançamentos literários de editoras, campanhas governamentais de incentivo à leitura ou que convidem para olimpíadas de matemática e português.

Capítulo 6

Questões para revisão

1) e
2) c
3) b

4) O tema não "apenas" comanda toda a criação publicitária, mas também produz sinergia entre as peças, ou seja, mesmo com diferentes características, os meios e os formatos devem funcionar como uma orquestra comandada pelo maestro (o tema). No caso comparativo revista *versus* jornal, o texto de jornal pode ser um pouco mais sintético em relação à revista, pois seu leitor é mais apressado (circulação diária) que o leitor de revista, mais calmo e com mais tempo para a leitura (circulação semanal, quinzenal, mensal etc.). As imagens da revista também são mais nítidas e de melhor qualidade, favorecendo composições estéticas mais complexas, ao passo que o jornal necessita de soluções mais simples. As construções diferenciadas, no entanto, não eximem as peças de uma identidade única, a identidade oferecida pelo tema.
5) É bastante comum, nas práticas associadas à criatividade, como na publicidade, por exemplo, que as melhores soluções não surjam no momento de maior concentração sobre o problema, mas em ocasiões insólitas, como no momento do banho, ao dirigir, no simples ato de observar algum acontecimento: vizinhos conversando, uma mulher abraçando uma criança, um cachorro atravessando a rua etc. O mundo oferece muitas ideias, cabe ao criativo estar atento. Essa questão é experiencial e vai exigir um relato que ilustre a captura da ideia e antevisão da solução.

Sobre o autor

Haroldo Silva Capote Filho é doutor em Ciências da Comunicação pelo Instituto de Ciências Sociais (ICS) da Universidade do Minho, em Portugal, onde desenvolveu tese sobre retórica, argumentação e discurso publicitário. É mestre em Educação pela Pontifícia Universidade Católica do Paraná (PUCPR) e especialista em História da Arte e Planejamento em Comunicação pela Universidade Federal do Paraná (UFPR), onde se graduou em Publicidade e Propaganda. Atualmente, leciona nos cursos de Publicidade e Propaganda, *Design* de Animação e Jogos Digitais do Centro Universitário Curitiba (UniCuritiba). Sua principal área de desenvolvimento acadêmico é a criação publicitária, atuando nas disciplinas de Redação Publicitária, Pensamento e Processos Criativos, Direção de Criação, Roteirização e *Storytelling*. Também leciona conteúdos relacionados à teoria criativa e suas aplicações em cursos de especialização.

Os papéis utilizados neste livro, certificados por instituições ambientais competentes, são recicláveis, provenientes de fontes renováveis e, portanto, um meio **respons**ável e natural de informação e conhecimento.

FSC
www.fsc.org
MISTO
Papel | Apoiando
o manejo florestal
responsável
FSC® C103535

Impressão: Reproset